降成本与供给侧结构性改革

高培勇 汪德华◎主编

中国社会科学出版社

图书在版编目（CIP）数据

降成本与供给侧结构性改革/高培勇，汪德华主编．—北京：中国社会科学出版社，2017.3

ISBN 978-7-5161-9975-6

Ⅰ.①降… Ⅱ.①高… ②汪… Ⅲ.①中国经济—经济结构—经济改革—研究 Ⅳ.①F121

中国版本图书馆CIP数据核字(2017)第042012号

出 版 人 赵剑英
责任编辑 王 曦
责任校对 王纪慧
责任印制 戴 宽

出 版 中国社会科学出版社
社 址 北京鼓楼西大街甲158号
邮 编 100720
网 址 http://www.csspw.cn
发 行 部 010-84083685
门 市 部 010-84029450
经 销 新华书店及其他书店

印刷装订 北京君升印刷有限公司
版 次 2017年3月第1版
印 次 2017年3月第1次印刷

开 本 710×1000 1/16
印 张 12.25
插 页 2
字 数 203千字
定 价 56.00元

降成本与中国成本研究会的使命

（代序）

学术团体具有生命力的重要体现之一，就在于持续进行的学术研讨活动。作为一个组建于改革开放初期、有着几十年活动历史的学术团体，中国成本研究会每年举行的年会，都有一个相应的主题。每年年会主题的确定，所考虑的，其实主要是两个因素：一个是党和国家事业的发展大势。从党和国家发展事业全局看，需要我们做些什么研究。另一个是我们自身的使命。就自身的学科背景和研究专长看，我们能够为党和国家事业发展做些什么研究。

2016 年的中国成本研究会年会的主题是“降成本与中国成本研究会的使命”。之所以选择这样一个主题，当然是经过深思熟虑的。

一

降成本无疑是当今中国经济发展的大势之一。从 2016 年中央经济工作会议提出供给侧结构性改革并为此部署了“去产能、去库存、去杠杆、降成本、补短板”（简称“三去一降一补”）五大任务之后，降成本便成为一个高频词汇不时地出现在各种场合。而且，随着时间的推移，我们对于降成本意义的理解与体会可谓越来越深刻。

作为一个经济范畴，成本的意义应当是不言自明的。只不过在过去一个不算短的时间里，我们把太多的热情放在了增长速度上，而对取得或维持增长所付出的成本关注太少，以至于本应属于念念不忘层面的成本概念，在不知不觉中淡出了不少人的视野。即便在专司经济分析的经济学界，谈及成本、以成本作为分析维度的，也往往算是新鲜事。

在今天的中国，降成本的意义之所以被如此凸显，首先源于我们所做出的经济发展进入新常态的重大判断。既然当前我们身处的经济环境是新常态而非旧常态，那么，立足于经济形势所发生的重大变化，把认识、把握、引领新常态作为当前和今后一个时期做好经济工作的大逻辑，从而走出一条大不相同于以往的经济工作新路子，便是不二的选择。降成本，显然就是这样一条具有创新意义的新路子。换言之，只有在经济发展新常态的背景下，转向坚持以提高发展质量和效益为中心的轨道，才可能唤回人们对于成本这一重要经济范畴的重视，才可能驱动人们对于降成本这一重要经济举措的追求。

降成本的意义之所以被如此凸显，还与我们所形成的以新发展理念为指导、以供给侧结构性改革为主线的政策体系密切相关。既然我国经济运行面临的突出矛盾和问题，其根源主要不在于周期性因素和总量性因素，而在于结构性因素，系重大结构性失衡所导致的经济循环不畅，那么，聚焦于大不相同于以往的突出矛盾和问题，从供给侧和结构调整上找出路，当然要成为宏观经济政策新的着力点。进一步说，既然造成这些重大结构性失衡的根本原因在于体制机制性障碍，在于市场在资源配置中未能起到决定性作用，在于政府没有更好地发挥应有的作用，那么，以改革的办法实现供求关系新的动态均衡，无疑是宏观经济政策新的落脚点。降成本，显然就是这样的一个同时落实于供给侧和结构调整上的新的着力点以及以改革办法实现供求新平衡的新的落脚点。换言之，只有在宏观经济政策着力点由需求侧转到供给侧、由总量调节转到结构调整的背景下，只有将改革作为推动实现宏观经济政策意图的重要力量，才可能使得成本这一重要经济范畴回归其应有的方位，才可能将降成本纳入供给侧结构性改革的操作系列甚至成为其中的一个重要支撑点。

二

从过去一年有关“三去一降一补”五大任务的操作实践中还可以看到，相对于其他四个方面而言，降成本可能是迄今含金量最高、异议最少且最易取得实效的一个最重要的任务抓手。这是因为：

其一，降成本是天然的供给侧行动。如人们所熟知的那样，在总供给和总需求的平衡式中，举凡涉及构成成本的因素如消费、储蓄、税收，从来都是被放置在总供给一侧的。既然构成成本的因素一定位于供给一侧，那么，与降成本有关的行动，也一定发生于供给一侧——所涉及的往往属于构成成本因素的相应变化。

其二，降成本是天然的结构性调整行动。常识告诉我们，成本从来都不是独立发生的。当我们操用“成本”二字的时候，总会联系到其他因素，说明是相对于什么的成本，或者为了取得什么样的效益或利润而发生的成本。既然成本总要与其他相关因素绑在一起，作为一个整体系统的构成因素而同其他相关因素之间呈现此消彼长的关系，那么，与降成本有关的行动，一定是落在结构性调整上的——伴随着共存于一个整体系统之中的其他相关因素的相应变化。

其三，降成本是天然的改革行动。道理非常简单。降成本，无论涉及的是居民消费、居民储蓄，还是政府税收，均属于重大的利益格局调整，一般不可能单纯通过政策层面的安排或设计加以实现，而必须同时付诸改革性的行动。既然降成本总要以改革为前提，与改革绑在一起，那么，与降成本有关的行动，一定伴随着改革的规划与实施——非一般意义上的政策安排，而系重大的改革行动。

所有这一切，其实都告诉了我们一个十分重要的事实：降成本是天然的供给侧结构性改革行动。有供给侧结构性改革，一定会有降成本的操作。降成本的操作，也只有在供给侧结构性改革的推进中才会真正落到实处。两者如同一对孪生姐妹，如影随形、亦步亦趋。

三

降成本的意义如此之重要，对于它的研究和操作，无疑是要认真应对的。然而，这又并非一件易事。

应当说，对于经济发展旧常态背景下的宏观经济调控，我们是比较熟悉，也比较专业的。比如经济过热的时候搞紧缩，经济趋冷的时候搞扩张，所谓“兵来将挡，水来土掩”，经过几十年改革开放进程的洗礼，这样的“逆风行事”机理已经扎根于我们的思想深处。但是，对于经济发展新常态背景下的宏观经济调控，我们则不大熟悉，甚至凭借以往的知识结构和研究经验难以做出清晰的阐释。主要矛盾和问题发生变化了，所能调遣的“将”、所能用上的“土”也都不同于以往了，宏观经济调控的理念、思想和战略当然要有所不同。

具体到降成本，特别是与以供给侧结构性改革为主线的政策体系相匹配的降成本操作，更需格外讲究，谨慎从事，以免不小心落入俗套，招致似是而非的结果。

比如降低企业税费负担。在当下的中国，税费负担无疑是企业最亟待降低的成本。然而，降低企业税费负担并非新的提法。从东南亚金融危机到国际金融危机，我们都曾经有过关于减税降费的政策安排。只不过以往降低税费负担的主要目的在于增加企业可支配收入、扩大社会总需求，系总量性调节，其着力点是落在需求侧的。对比之下，当下降低企业税费负担的主要目的在于降低企业成本、提高供给质量，系结构性调整而非总量性调节，着力点是落在供给侧而非需求侧的。并且，前者的推动力量主要是政策性安排，后者虽离不开政策性安排，但主要依托于改革性行动。如此巨大的变化，一旦落在减税降费的操作上，当然须谋定后而动，看清楚再下手。

显然，以增加财政赤字为条件实施减税降费，既同经济发展旧常态下的操作没什么两样，也与供给侧结构性改革主线没什么关系。更为关键的是，鉴于财政赤字总要以增发国债来弥补，增发的国债虽可用置换的办法而无限期滚动，但终归有债务利息由此派生，债息支出总要叠加到原有政府支出规模之上，包括债息支出在内的所有政府支出又总要以税费收入作为财源基础，至少从中长期看，它所带来的，绝非企业税费成本的降低，而是企业税费成本的提高。同时，也不会由此改变资源在政府与企业之间的配置格局。故而，留给我们的几乎唯一选择，应当也必须是减税降费与削减政府支出联动，以政府支出规模的削减为企业税费负担的降低腾挪空间。只有这样，才会有真正意义上的企业税费负担的降低，才有可能发生资源配置格局有利于企业一方的变化，也才属于契合经济发展新常态和供给侧结构性改革主线的降成本操作。

再如降成本的行为主体。以往也并非没有降成本的相关操作，但那主要是作为微观主体的企业自身的事情。作为供给侧结构性改革的任务抓手之一，将降成本上升至宏观经济政策层面并站在关系国家经济发展全局的高度加以推进，在迄今可观察的中国历史上，这可能是第一次。其基本的原因就在于，当下的降成本操作，主要针对的是税费和要素成本，特别是制度性交易成本。税费成本，当然是由政府施加给企业的成本。无论是着眼于它的实质降低——从政府职能格局调整入手，通过削减政府支出规模加以实施，还是在不触动政府职能和政府支出的条件下，通过扩大财政赤字实施减税降费，都要通过政府来操作。要素成本的降低，尽管从根本上说要依托于企业、以企业为基础，但无论如何离不开政府的介入。至于降低制度交易性成本，则更是需要政府从宏观层面通过改革的办法加以推进的事情。

正因为如此，有别于以往主要立足于企业和市场、“不用扬鞭自奋蹄”的微观层面降成本行动，政府作为一个重要的行为主体积极而全面地介入降成本且自上而下地加以推动，是这次供给侧结构性改革背景下降成本操作的一个十分突出的特点。

四

按照中央经济工作会议的部署，2017 年经济工作的重点任务，如果用一句话来表述，就是深化供给侧结构性改革。很显然，在深化供给侧结构性改革的宏观背景下，降成本的意义将会更加凸显，围绕降成本的各方面政策和措施将会被摆到更加重要的位置。同样，对于降成本的研究需求，无论是理论层面的还是实践层面的，都将呈现十分旺盛的局面。

作为迄今国内唯一一家聚焦于成本问题研究的专业学术团体，中国成本研究会的历史使命从来都是和“成本”二字密切联系在一起的。因而，从党和国家事业发展全局出发，发挥专业学术团体的特殊优势，完整而系统地研究降成本，为降成本提供学理支撑和方法论支持，让降成本的操作建立在精准的专业分析基础之上，是中国成本研究会在 2017 年以及更长的一段时间内当仁不让的重要任务。

有鉴于上述种种，“降成本与中国成本研究会的使命”便成为中国成本研究会 2016 年年会的主题。也正是出于这种考虑，我们决定，将这次年会的代表性论文结集出版。

高培勇

2016 年 12 月 16 日于北京

目 录

基于降成本目标的减税抉择*

高培勇　中国社会科学院财经战略研究院

在2016年7月26日中共中央政治局会议将“降低宏观税负”列入“降成本”的重点清单之后，社会各界反响极其强烈。尽管迄今官方并未有进一步的信息释放，但人们围绕减税问题的讨论却不绝于耳，甚至形成了高度期盼之势。

注意到“降低宏观税负”的措辞系近年来在中国首次出现，在此之前见诸报端和网络的相关提法至多是稳定税负，特别是注意到决策层系将其作为落实“去产能、去库存、去杠杆、降成本、补短板”五大重点任务的正确方略和有效办法加以提出的，我们对于减税问题引致的社会关注，不仅不应感到意外，而且必须认真对待。在深入分析、准确研断的基础上，积极而稳妥地将其落实到操作层面。

在这一过程中，躲不过、绕不开、必须回答的问题是：相对于以往的减税，供给侧结构性改革背景下的减税究竟有何不同与特点？基于降成本目标的减税究竟有何不同与特点？

一　从结构性减税到总量性减税

中共十八届三中全会部署的本轮税制改革，是以“稳定税负”为前提的。然而，不涉及宏观税负水平变化并不意味着不涉及减税。从“逐步提高直接税比重”这一本轮税制改革的主线索中可以看出：

* 本文原刊于《光明日报》（理论版）2016年9月7日。

（1）在“稳定税负”这一“天花板”下，直接税比重的逐步提高显然要与间接税比重的逐步减少相伴随。间接税比重的减少，即属于减税的操作。

（2）减税的操作有明确对象——间接税，而非泛指所有税种。

（3）既然属于有增有减、此减彼增的结构性调整，增减之间效应可以互抵，则减税一般不会触及税负水平。

（4）既然税收总量不因此而减少，原有的财政收支平衡关系便不会因此打破，减税也就没有直接成本——无须为之付出削减政府支出或增加财政赤字的代价。如此情形下的减税，通常被称为“结构性减税”。

此次中共中央政治局会议提出的“降低宏观税负”，则脱出了稳定税负的约束而转换至降低税负水平的轨道。其间所带来的变化不容小觑：

（1）既然锁定于“降低宏观税负”，减税的操作便直接指向税收总量——税收收入规模的实质性缩小。

（2）立足于降低税负水平，减税的操作既可以有明确对象——继续专注于减少间接税，也可以无明确对象——既可以减间接税，也可以减直接税。

（3）既然非有增有减、此增彼减的结构性调整，随着税收总量的变化，财政收支之间的原有平衡肯定会因此而被打破，减税便有直接成本——不是政府支出规模随之削减，就是财政赤字随之增加。二者必居其一。

（4）倘若将减税与本轮税制改革结合操作，还可有一个两全其美的选择——总量效应和结构效应兼容，在确保降低税负水平目标实现的同时，侧重于减少间接税。如此情形下的减税，可被称为“总量性减税”。

二　从着力于需求侧的减税到立足于供给侧的减税

在我国，减税并非新鲜事物。只不过以往的减税，多着力于需求侧。对于着力于需求侧、以扩大总需求为目标的减税，无论其机理还是操作我们都是颇为熟悉的：

（1）减税的目标锁定于需求侧——以税负水平的降低换取企业和个人可支配收入的增加，进而刺激投资和消费。

（2）既然指向税收总量的减少，减税的操作一般无须有明确的对象。无论是给企业减税还是给个人减税，也无论减的是直接税还是间接税，均可以获得刺激投资和消费的效应。

（3）站在扩大总需求的立场上考虑问题，减税的操作通常不会与削减政府支出同步实施，以免效应互抵。

（4）只要政府支出未同步削减，财政收支之间的原有平衡势必会因此而被打破。于是，以增加财政赤字为减税“埋单”，将减税的归宿落实于增加财政赤字，系基于扩大总需求目的而减税的必然逻辑。

立足于供给侧、以推进结构性改革为目标的减税，绝对属于新生事物。背景和目标既然与以往有所不同，其机理和操作也就具有自身特点：

（1）聚焦于降成本，减税的操作当然要落实于给企业和个人减负。只要是实质性而非名义上的减负，就必须落实于资源配置权的让渡——减税之后的财政收入亏空，通过政府支出的同步削减来对冲。

（2）倘若仍以增加财政赤字为减税“埋单”，那既无异于以往刺激需求的减税操作，亦有悖于降成本的初衷。换言之，只有减税与削减政府支出同步，才可归之为推进供给侧结构性改革的减税操作。

（3）退一步说，考虑到当前适度扩大总需求与推进供给侧结构性改革之间相辅相成的关系，实践中也可以兼容削减政府支出和增加财政赤字两种操作，但须以前者为主。

（4）将降成本的政策目标与优化税制结构的改革目标联系起来，还可以实施带有倾向性的减税操作——在确保实现降低企业成本目标的同时，把减税的重点落实在间接税上。

三 宏观经济政策配置格局的重大调整

由结构性减税到总量性减税，从着力于需求侧的减税到立足于供给侧的减税，意味着我国宏观经济政策配置格局的重大调整。

从亚洲金融危机到全球金融危机，至少在过去的近30年中，我国的宏观经济政策虽不缺少减税的内容，但始终是基于不触及宏观税负水平和政府支出规模的前提条件而配置的。以不降低宏观税负水平为前提，能够选择的减税，便只能是结构性减税。以不削减政府支出规模为前提，能够选择的减税归宿，便只能是增加财政赤字。这样的操作，虽可以获得扩大社会总需求和优化税制结构的政策与改革效果，但严格说来，它们并非完全意义上的减税——实质的企业和个人负担不会因此而降低。当然，也并非能够同时作用于需求侧和供给侧，且主要作用于供给侧的减税——最终的资源配置格局不会随之而改变。

将总量性减税提上议事日程并与降成本的结构性改革相对接，它所带来的最为深刻的变化就是，在推进供给侧结构性改革的背景下，宏观税负水平不再是不可触及的“戒律”，而是可以也应当随着宏观经济形势的变化而降低的。政府支出规模也不再是不可触及的“天条”，而是可以也应当随着宏观经济政策的调整而削减的。因而，告别以往不降低宏观税负水平、不削减政府支出的习惯性做法，而转向主动通过降低宏观税负水平实施“三去一降一补”的结构性改革重点任务，同时通过增加财政赤字与削减政府支出两种操作为减税“埋单”，已经演化为我国宏观经济政策配置的新格局。

认识到这一点非常重要。它提醒我们，面对着力推进供给侧结构性改革的新形势，我们必须全面调整以往习以为常的理念、思想和战略，主动适应宏观经济政策配置新格局，学会与新格局共处，并且，积极地引领新格局逼近供给侧结构性改革的目标。这意味着，根据宏观经济形势和宏观经济政策的变化，适时、适度地进行宏观税负水平和政府支出规模的调整，是当前和今后一个时期我国宏观经济调控的大逻辑。

四　走出减税捆绑增赤的惯性思维

应当承认，在此次中央政治局会议提出“降低宏观税负”之前，除了少有的例外，减税操作与增加财政赤字如同一对孪生兄弟，一直被捆绑在一起。不论减税的目的如何，也不论减税的形式怎样，只要涉及总量性减税，增加财政赤字几乎是减税的唯一归宿。

当前正在推行中的以“营改增”为代表的减税降费，即是一个突出的例子。作为全面实施“营改增”，取消、停征和归并一批政府性基金，扩大行政事业性收费的免征范围等一系列政策举措的支撑财源，2016 年的财政赤字比上年增加 5600 亿元，赤字率提高到 3%。

这对于适度扩大总需求，为结构性改革营造稳定的宏观经济环境而言，无疑是必要的。现在的问题是，随着供给侧结构性改革的紧迫性和重要性日趋凸显，减税的着力点应当也必须适时地转到降成本的结构性改革轨道。为此，抓住此次宏观经济政策配置格局调整这一难得的契机，走出减税必然捆绑财政赤字的惯性思维，让削减政府支出与减税如影随形并成为减税的主要归宿或基本归宿，或者至少让削减政府支出加盟为减税“埋单”的队伍并分担财政赤字的压力，无论从哪方面看，都是着力推进供给侧结构性改革的正确方略和有效办法。

事实上，从成本效益分析的视角出发审视减税的归宿问题可以发现，单纯以增加财政赤字的办法为减税“埋单”，不仅减税本身难以持续，而且蕴含着一定的财政风险。

仅就 2016 年的情况看，纳入预算并公开披露的 2.18 万亿元财政赤字和 3% 的赤字率，仅是根据一般公共预算口径计算的结果。我国从2015年起实施了新预算法，新预算法相对于老预算法所发生的最大变化，就是除了一般公共预算之外，它还要覆盖另外三本预算——政府性基金预算、社会保险基金预算和国有资本经营预算。

倘若以全口径而非仅以一般公共预算口径计算2016年的财政赤字，那么，至少如下几个方面的因素，也是要被纳入视野的：

（1）列入政府性基金预算项下的地方专项债券，实为地方政府债务的一种形式。

（2）财政贴息90%的专项建设基金，在某种意义上系“准国债”。

（3）准允发行的数万亿元地方置换债，按国际通行做法，一般可不计入当年赤字。但在我国，这些被置换的地方债原系“私生子”——从未被认作赤字，随着“私生子”变身“婚生子”，在这些地方债被承认身份——准允“上户口”的同时，它也具有了另外一种身份——被延迟计算的赤字。

（4）当前各地推进PPP的过程中，事实上是隐含了不少政府欠债的。所有这些，显然都是值得我们在实施减税操作时特别关注的。

常识告诉我们，金融、债务风险也好，企业风险或其他风险也罢，最终都会落到财政风险上。在当前的形势下实施减税，不能忽略与此相关的财政风险。只有将减税与财政风险问题通盘考虑，牢牢守住不发生财政风险的底线，才可能是推进供给侧结构性改革的周全之策。

进一步说，在当前的中国，尽管仍须保持宏观政策的稳定，仍要以适当增加必要的财政支出和政府投资为条件实施稳增长和扩内需，但绝不意味着我们没有削减政府支出的空间。

本着精打细算、须过“紧日子”和“苦日子”的精神，至少可以看到：

（1）高达数万亿元的财政性存款，虽可部分归结于实际支出进度与预算之间的不相匹配，但绝对不能排除其中有宽打窄用，预算支出偏高、实际支出需要小于预算支出的情形。

（2）更大规模的机关团体存款，即便被归入不直接属于财政部门支配系列，也绝对不能排除其中有可做统筹安排或可通过削减下一年预算支出的办法加以冲销的部分。

(3) 中央实行“八项规定”以来，公务消费等方面的支出规模被极大压缩。这些已经被压缩的支出，可以也应当落实于削减相关部门和单位的预算支出“基数”上。

(4) 在现实生活中，不可否认，各单位、各部门花钱大手大脚，铺张浪费的现象有之，为花钱而花钱的现象也有之，经过甄别、筛选、清理，对于其中的相当部分可作削减预算支出“基数”处理。

诸如此类的因素，还可列举许多。可以确认，面对现实，只要是下决心，真正站在事关党和国家事业发展全局的立场上考虑问题，实现减税与政府支出的同步削减，并非没有可能。

上述的讨论，可以归结为一点：供给侧结构性改革背景下的减税，应当也必须走出一条不同于以往减税的新路子。基于降成本目标的减税，也应当走出一条不同于以往减税的新路子。

新形势下成本概念的理性思考

王家新　南京审计大学

一　从需求和供给认识当下中国

对于当下中国的考察，可从三个视角出发。一是晚上7点钟在吃饭的时候仍然坚持看央视版的中国，即7点到7点半的新闻联播；二是孩子们手机上的中国，即网络版的中国；三是实实在在的、主抓"菜篮子工程"的大爷大妈、爷爷奶奶们心中的中国。从完全不同的视角看中国肯定有巨大的差异，正因如此，才能从文学、史学、哲学等层面来更加全面地诠释中国。总而言之，理性描述当下之中国，不能仅将某一个学科，某一个节点，某一类人、事作为依据片面地下结论。

当然，对于学者或部分对共同命题感兴趣的人来说，仍然应该坚守本心。然而，当下的许多社会现象都在往世俗化的层面发展，换句话说，社会需求、供给，每个人的心态在发展的大潮面前都有着各自的选择，但有时候自己的选择又迫于现实情况不好随意表达，最后却又因违背初心而出现各种问题。每个个体不真实地表达自己需要什么、想什么，其实是需求出了问题，随之的供给出来了以后，相应的问题也就出来了。

二　理性思考成本概念

机会成本本来是经济学中研究最广泛的一个概念，然而现在的经济学研究或经济政策的实施好像离这个词越来越远了。我们每个重大的决策有没有考虑到需求供给？那个需求是什么需求？当然是有效需求。经济学尝试告诉我们需求有三要素：一是购买欲望，二是要承认价格，三是要有货币的支付能力。然而事实却是现在很少有人再以三要素来衡量自己的经济活动是否是必需的。我们看到的是几乎莫衷一是的机会成本。

以南京审计大学为例，10 多年前新校区周边的房地产项目价格为 2000 元/平方米，2008 年给学校的团购价是 3400 元/平方米，现在则是 26000—28000 元/平方米，因此如果抛弃其他的科学因素来谈机会成本的话，现在最挣钱的就是炒房。

南京江北新区是 2015 年 7 月 3 日国务院批的，房价以平均每个月 1000 元的速度在上涨。调研中发现，其中的购房主体不是温州炒房团队，而是上海跳广场舞的大妈大爷们合起伙来，受《中国合伙人》的影响，集体到南京炒房团购。当时上海的石库门地区改造，拆迁户在得到补偿款后，几十人一起将钱集起来就开始在周边地区如南京、杭州等炒房。大爷大妈们其实并没有受过很好的经济学或者管理学的熏陶和训练，但是他们把握住事态，喊出的口号非常实在——“手中五套房，幸福万年长”。这些社会成本值得我们理性思考。

同时，我们也不要单纯地从厂商这一微观层面的市场机制和市场作用出发简单地考虑降成本，还要考虑道德成本。中国目前出现了“富而不贵、发而不达”的现象。富而不贵，即我们富裕了但没有贵族气息；发而不达，即发展了、有钱了、腰包鼓鼓，但缺乏达德、达观。所以，在微观层面实际上还存在一个道德层面。

多角度理解“降成本”问题

刘尚希　中国财政科学研究院

一　从经济管理的视角理解降成本问题

对于降成本的含义，必须从辩证法的角度加以理解，不能简单地说降低，其实有的成本会上升，比如研发成本。研发成本不升，企业如何实现创新？技术水平如何实现革新？因此看待降成本问题，需要全面地考察，从多视角出发。

成本问题既是企业的管理问题，从经济学角度来看也是一个核心问题。新制度造就了一个新概念——“交易成本”。新制度经济学从交易成本的视角看待经济增长、处理政府市场的关系，以至于交易成本这个概念产生后就变成经济学里一个新的研究方式。

其实，还可以从社会学的视角看待降成本问题。社会问题会影响整个经济成本的高低。如果存在一些社会问题没有被及时解决，而仅着眼于在经济领域去降成本是行不通的。

二　从诚信的视角理解降成本问题

大家都知道做生意最重要的是什么，就是要讲诚信。诚信问题是什么？是经济问题，更是社会问题，如果彼此都不讲诚信，那成本势必会很高。举一个例子，广西某个县有一个老镇，天天有早市，一般的早市肯定有卖菜的和买菜的两种人，但是那个早市有一个特点，只有买菜的、没有卖菜的。卖菜的人早就把菜按照标准化形式一捆一捆地摆好了，标上了价钱，菜摊子就放在固定的位置上，旁边有一个放钱的盒子。买菜的人看到的是已经是捆好的、标上价钱的菜，他可以拿起菜品，放下相应数量的钱。那里没有一个人拿菜不给钱。那个地方民风非常好，彼此之间非常信任，卖者和买者之间是一种非常诚信的关系。卖菜的人不担心买菜的人把菜拿走不给钱，所以他就放心地回去了，等到这个早市快结束的时候，他就来收摊子、收钱。

想想这样做卖菜人能节省多少成本啊！这就是社会诚信问题。我们现在社会诚信水平在急剧下降，大家相互提防，这种提防带来的不仅是经济成本，还带来了人的心理成本，人的焦虑也应该被算作成本。

三　从社会的视角理解降成本问题

如今经济活动的成本高不是简单的税费问题。其实这些都只是看得见的，或者说从经济学的视角去观察得出的结论，而现实是，很多的成本都是无形的，与社会的发育、人的生理及心理的发育、市场的发育相关。

为什么说如今的实体经济回报率低？从经济学角度的研究来看，很多模型实验得出来的研究结果是税收太高了，也有结论说是银行利率太高导致融资费用高。其实更深层次的是社会问题。大家都没有长远打算，企业不想去创新，也不想去开发新产品、新技术。在这种情况下企业效率无法提高，加之整个社会的交易成本很高，企业回报率自然就很低。凡是做实体经济的必须要做长远的打算，必须要有一个良好的社会环境。经济的发展不是在真空里，人的行为也不是在真空里。但是经济学学科划分具有局限性，只能假设资源的配置、市场机制的运行、人的经济行为都是在真空里运转。其实，它们都是嵌入到社会结构之中的，企业家既是经济人也是社会人，劳动者既是生产要素同时也是一个社会人。

在对东北部分企业的调研中，企业普遍反映现在员工不好管理，干几天就走人了，这就会导致企业成本急剧升高。企业要不停地招人，招人就要培训，培训刚刚上手了做得还不错，这个人又要走了，企业又得找新人，企业员工流动性太大，这也导致企业的培训成本难以降低，管理成本居高不下。再者现在员工的要求较以往更高，动辄就与企业扯皮、打官司，从而导致企业的诉讼成本急剧升高。因此企业家感觉做实业太麻烦了，还不如在金融领域做基金或者炒房。这些问题归根结底还是社会问题。这些社会问题若无法解决，企业成本将难以降低。

科斯提出的交易成本这个概念，尽管是一个经济学的概念，但是实际上它是与整个社会的发育，与社会道德水准、诚信还有法制联系在一起的。比如打官司的费用很高，不仅要花钱还要花时间，有的企业一场官司打下来可能就破产了。企业把东西卖出去以后钱收不回来，现在这种应收款急剧上升。为什么企业财务费用高？企业有货款收不回来就必须去找银行贷款，而贷款势必导致成本上升。

四　从风险的角度理解降成本问题

根据对一些大企业的调查得知：很多大企业动辄就是几十亿元应收款，实际上这里面有企业间的相互拖欠，过去叫“三角债”。这种应收应付款之间的相互拖欠，致使企业费用大大提高，成本上升。

在当前环境下，多数企业之间实际上是彼此不讲诚信的，整个社会不讲诚信导致管理的成本、融资的成本都要上升，所以银行和企业贷款都要求有抵押物，没有抵押物一概免谈，这就是诚信问题。而且银行的风险意识也越来越强，不仅有很多限制条件，还必须进行严格审核，那么企业怎么能容易并便利地获得贷款？中小企业没什么可以抵押的资产，就只能融资，贷款的风险就上升了，导致一个风险的议价加在利率里形成了高利息。利率上升也形成了风险成本。

现在的成本高，其实客观地说是由整个社会的不确定性导致的，社会的不确定性导致风险大大提升。当整个社会的不确定性扩大，整个社会风险上升的时候，风险的问题转换成经济学的概念要在价格里表现出来，即价格上升。贷款也好，买和卖也好，都要加到风险成本里去，利润也因此而降低了。所以在这种情况下很多投资者便不愿意再经营实业了。

中国经济发展到这个阶段，整体性越来越强，过去我们只搞经济改革就可以了。但是我们发展到今天，大家发现在市场化改革突飞猛进的情况下，社会发育却并没有跟上，整个社会变成物质化的社会。这种物质与精神的严重失衡导致整个社会发育落后于市场的发育，从而带来了一系列严重的问题，这就是不确定性和风险的上升，因此成本也就随之增加了。

五　从系统性的视角理解降成本问题

这些问题恐怕是要跨学科去研究的，仅从微观的角度研究是远远不够的。怎么去控制成本是重要的问题，我们要重新认识成本问题。成本是什么？不同的学科从不同的角度来看其定义是不一样的。没有成本怎么会有增值，关键是现在的无效成本太多了。无效成本太多有社会原因、政治原因，还有因改革不深入而带来的遗留问题，因此整个社会的经济效率也就降低了。对企业来说具体表现在微观上利润薄弱，挣钱越来越困难了。所以这是一个系统性的问题，不是单一地靠某几项政策或几项改革就能解决的。

成本问题是一个需要研究的问题，因为人类社会的发展实际上就是靠成本来支撑的。没有成本不能进行生产劳动，没有成本也没有办法进行社会生活。从这一意义上看，我们的生活水平越高实际上意味着成本越高，这就比如一个人想住大房子，要住一个 200 平方米的房子，想想是租房子合算还是买房子合算？从经济学的角度来讲，肯定是租房子比较合算。

有人说国庆期间大家别出去了就窝在家里，现在的房子值上千万元，不住多可惜啊！这当然是一种调侃，不过也反映了高成本的现实。过去低的生活水平就意味着一个低成本，这当然只是从生活成本的概念考虑。其实还有一个生产成本的概念，生产成本却不是越低越好。上文所说的研发成本就是要上升的，从宏观来看也好，从微观来看也好，成本都是结构性的问题。我们不能仅考虑简单地去降低成本，思考如何形成一种合理的成本结构才是最重要的。

六　小结

思考降成本问题，需要跳出学科的局限，跳出微观的财务成本、财务会计的概念，跳出经济学的概念，甚至跳出社会层面，综合起来去研究。不是说就现在搞几条政策，降成本的问题就可以解决了，它们实际上是相互关联的，而且与“三去一降一补”形成了一个整体。杠杆高成本就高，库存高成本就高，所以库存下不来，杠杆下不来，成本能降下去吗？根本降不下去。短板补不上去，创新能力不行，成本能降下去吗？想降也降不了，没有空间。环境的成本能降吗？没法降，那只能是内部化让企业去承担。关键是我们要合理地控制成本，使成本变成有效成本，减少无效成本。

非公经济既要清也要亲

——构建新型政商关系的一些思考

姜江华　审计署审计科学研究所

政商关系会影响企业的生产经营决策，因而是成本管理必须关注的外部环境。习近平总书记提出要构建新型政商关系，强调“亲、清”两个字，第一个是亲，亲切的亲，第二个是清，清白的清。我最近在对绍兴的非公经济调研中发现，当前的政商关系影响到了企业的生产经营，企业普遍唉声叹气。那么当前非公经济存在哪些问题？又该如何解决呢？

一　当前非公经济政商关系面对的困境

第一，非公经济融资难，融资贵。现在与以往任何时候相比，这个问题都更加突出，一些民营企业到银行去贷款非常困难，有些银行就干脆把民营企业拒之门外，一律不贷，第一句话就是贷不起，第二句话就是贷不了。原来一些担保公司抱团增信，当时效果还好，但是现在找担保公司也不行，一样也不给贷款。贷款比以往任何时候都困难，现在只能靠高息融资，有些就变相集资，所以成本的增加是非常大的。

第二，非公经济与国有企业的合作越来越难。一些民营企业原来与国有企业有千丝万缕的联系，无论是资本纽带还是项目合作，但是现在与国有企业的合作越来越难，很多项目搁浅甚至停工。比如说，原来一些民营企业还能中标政府投资项目，包括成本技术设施工程和政府采购项目，现在则越来越难，政府投资项目一般不敢交给民营企业去做，中标的都是国有企业。

第三，非公经济与政府关系疏远。现在政府官员躲着民营企业，唯恐避之不及，更别提为民营企业提供政策护航了。所以说经营的环境、市场环境对民营企业和非公经济产生了很大的影响。

第四，非公经济税负问题未得到有效解决。对民营企业的收费摊派问题仍然没有得到有效解决，一系列原来规定的收费摊派有增无减。总书记在会上讲的“亲、清”两个字，是把亲切的“亲”字放在第一位，把清白的“清”字放在第二位的。首先要亲切，亲切地为民营企业提供良好的服务，要排忧解难，要从制度政策环境上给民营企业创造良好的环境。其次才是清白，就是要做到守规矩，做到清白。

二　构建非公经济新型的政商关系

第一，优化社会舆论环境。一些部门和地方政府没有真正理解总书记的“亲、清”两个字。这里原因很多，有合理的也有不合理的原因，有外部的也有内部的原因，有制度的也有社会环境的原因。在当前的社会环境和舆论环境下，一些官员和政府不愿意同民营企业打交道，这方面要进一步优化改造。

第二，优化制度环境。这几年党中央国务院高度重视制度环境，国务院2016年出台了一个关于优化民间投资环境的意见，国家发展改革委也出台了相应的文件，这些文件都是具有针对性的。但是在落实上没有解决好，比如银行的贷款问题，融资难融资贵的问题，特别是对小微企业而言，抽贷、断贷、惜贷问题仍非常突出。

第三，加强官员问责。一些融资平台从银行贷了款又不花出去还铺张浪费，用于满足小单位的利益。这种现象确实要从制度层面、政策层面等去分析原因，然后提出解决措施。对非公经济的平等保护应当从社会环境、市场环境还有政策环境包括如何加大对违法违规问题的记录和查处，对政府官员的追责、问责入手。一些地方已经出台了很多规定，有些操作性还是很强的，但是应该说力度还要进一步加大，步子还要进一步加快。总之，对非公经济要拿出实实在在的行动，要用看得见、摸得着的成效来检验政策是否真正落地，是否真正落到实处，这一点对当下稳增长、保就业、促发展尤为重要。

降成本背景下的质量成本管理问题研究

林志军　澳门科技大学商学院

一　强化质量管理是“降成本”的重要内容

本文从企业产品和服务质量的角度，来思考中央提出的“降成本、去库存”目标。如果产品或服务质量好，销售就不成问题。为什么会出现大量的库存，有相当一部分产品卖不出去？卖不出去有多方面的原因，除了主要的供需矛盾之外，和产品/服务的质量也有关系。所以我们就要考虑为什么要强调抓质量，怎样才能更有效地进行质量管理，尤其是要从降成本的角度去结合成本管理，从会计角度去进行质量成本管理和强化质量管理工作。

任何一个企业家都会认为质量非常重要。但是有多重要？需要思考。有人说质量管理是企业的生命线。确实是这样的，然而答案太抽象了，必须了解质量管理的真实困境才能解决问题，具体来说有以下几点：

第一，企业管理的短期行为。管理者往往是短期行为人，任总经理 3 年、5 年，在任期内，企业倒闭是未来的事情，那么对他来讲这 3 年、5 年到底有多重要不一定能够切身体会。现在大多企业在抓质量管理过程中就面临着两难问题。企业质量管理重要不重要？都说重要，到企业去看标语口号墙上都有。但若是问这些企业的高管用多少精力、多少时间在抓质量，答案是不太多。

第二，质量考核缺乏综合指标。在现实中大多数传统企业质量管理实际上是两条线：一条线是质量管理由质管部门、生产部门去抓，它们进行质量管理有自己的一套指标体系，比如说合格率、不合格率、次品率，但是这些技术指标是单方面的，没办法综合考核企业质量管理和企业绩效。另一条线是财务部门，但是在传统质量管理过程中会计部门、财务部门很少参与，包括成本管理部门人员也很少参与，所以就变成了两条线了，质管部门一条线，财务人员一条线。这两条线的分离就造成了质管工作缺乏综合性的量化指标，这样管理者就没办法量化。

二　质量成本（COQ）管理的内容

财务部门的成本管理完全可以被纳入到质量管理中去，国外在20世纪七八十年代就施行了，国内在80年代后期也引进过质量成本报告，即COQ。什么是质量成本？这一概念实际上是从管理层面来讲的，产品服务达到设计规定要求，这就是质量。比如说你设计的产品有多长的使用寿命，怎样的使用效用，能达到就说明质量够好。要达到质量是需要考核的，如果产品服务生产技术提供过程中达不到质量那么会有什么结果，也就是说质量不达标情况下的耗费损失，这定义为质量成本。质量成本包含四个方面的内容：

第一，预防成本。为了预防质量问题发生，企业在某些方面进行的投入。比如说材料采购的供应商认证，这个支出就是为了保证进来的原料是合格的，所以说是一个预防性的措施。还有进行员工的质量培训、管理培训，也是为了避免质量问题造成损失，这也属于预防成本。预防包括系统的开发、自控培训、预防措施分工、质量改进和供应商认证等。

第二，检验成本。在这个产品出来之后要进行检验，要耗费检验设备，配备检验人员等，以及产品检验和信息测试、检验原料、工具耗费等。

第三，内部失效成本。在生产过程中因为质量问题导致了一些损失，比如说生产过程原料的废品率，或者是由于质量问题造成的停工损失等，也就是在产品离开企业以前在生产阶段过程中发生的因为质量问题导致的各种耗费，叫作内部失效成本。内部失效成本包括废料成本、返工成本、质量问题造成的停工损失，以及次品的处理损失。

第四，外部失效成本。产品已经离开企业卖到顾客那儿去了，但是还有因为质量问题导致的潜在的损失，最典型的就是企业的产品三包费用，包括服务的三包费用，产品卖给顾客了，但是你还要负责包修、包换、包赔，如果出现重大问题还要召回，召回这个成本就相当大了，比如最近的三星召回事件和前几年的丰田汽车召回事件等。这些都是属于售后的、在产品卖出去之后的外部失效成本。外部失效成本就是刚才讲的三包费用还有一些质量赔偿，这些质量赔偿实际上有很大一部分属于机会成本，在外部失效里面还包括因为质量而导致的销售损失，即顾客是因质量问题不再购买该产品。

三　质量成本（COQ）与管理成本的有机关联

质量成本的四大类实际上是有机地联系在一起的，调整这四大类之间的关系可以真正地提高质量成本管理。假设在坐标系的横轴上，左边代表低质量，右边代表高质量，在开始的时候，预防检测成本在低质量的时候可能是低的，它是上升的弧线，随着质量的提高，预防检测成本会上升。在左边，当质量很低的时候质量成本肯定很高，但是随着质量提高，外部失效和内部失效损失的成本是下降的，所以有两条弧线，一条是预防检测随着质量提高而上升，另一条是随着质量提高外部损失和内部损失下降，这两个弧线有一个交叉点。通过抓质量，总成本降下来，降到一定的程度预防检测成本又上去，这是传统理论。现在的理论认为不是这样的，质量成本持续下降在理论上是可以的。因为质量成本不是绝对数，而是相对数，所以说，随着质量提高必须要增加预防检测。但是提高质量，销售收入也增加了，所以如果说质量做得好使销售收入增加，尽管某一些质量成本总量会增加，但是对总的相对数来讲它可以持续下降。

这也是为什么美国在20世纪七八十年代推出COQ的时候，说当时美国的制造企业质量成本大概是总销售收入的20%。美国80—90年代每年都推出质量成本管理评奖，有些企业通过多年的努力把质量总成本从将近20%降到5%、4%甚至更低。

四　质量成本（COQ）管理的意义

第一，量化质量管理指标。例如上年总质量成本占销售收入的比重为18%，如果今年的质量成本从18%降到15%，这降下来的3%按照1亿元计算的话，即300万元的利润，那么质量工作的重要性就被量化了，高管就要重视了。质量不是像生命线那样虚化的概念，而是一个实实在在的概念，企业的销售收入是实的，质量成本百分比也是实的，只要一换算就可以算得出来，这里3%就是300万元，那么管理层就肯定会真正重视了，所以这是第一个作用，质量成本报告可以提供量化指标帮助管理者去真正重视质量管理工作，避免质量管理工作流于形式。

第二，精准寻找质量问题。要有效地进行质量管理工作必须有的放矢地寻找关键的因素，抓住主要矛盾，主要问题解决了，质量问题就解决了，但是如果没有这一套报告体系，问题就看不出来。这套报告体系分为4大类，每一类都有具体的项目，哪一个项目金额最大比重最高就是这一期进行质量管理必须重视的重点。然后有的放矢地进行质量管理和控制，这样能够提高质量管理的效率。

第三，进行行业差距比较。质量管理生产报告体系不仅仅是报告今年的情况，它的历史数据可以与去年比、与以前比，也就可以与行业的先进水平比，还要横向与同行比，纵向与企业的过去比，看看是不是还有差距，是不是还有挖潜的空间。再一个好处是可以把质量成本报告体系与企业的预算管理结合起来，根据这个报告体系可以在年初制定一套预算的质量成本，然后到年末进行数据对比，看看在质量管理方面这些质量损耗之处的成本到底是节约了还是没有达标，这个也是有效的预算管理。

五　从质量成本管理到战略管理

质量成本报告不是新事物，国内在20世纪八九十年代推行过，但是现在从国外来看，质量成本管理不局限于写报告，而是提升到战略管理的角度来进行。后来在美国就出现了平衡计分卡。平衡计分卡使战略这个抽象的概念变成了可衡量的、可考核的具体指标，质量成本管理就作为工具使企业的战略落实下去了。

国外近几年在研究怎么使质量成本报告和其他战略管理工具相结合，比如现在讲得很多的技术成本法、技术管理法、ABM等，同时国内外现在也在推6C管理，6C管理实际上就是减少纳税、减少损失、提高质量，也是跟质量成本报告相关的。把质量成本报告与6C结合起来完成企业的战略，或者现在讲精益生产。同样的道理，这些创新型的战略管理工具都是为了更好地实现企业的发展战略，那么完全可以把质量成本报告结合进去，也就是说必须把质量成本提高到战略的高度来进行管理，这是我们需要考虑的。

另外国外还研究一个内容，它不仅是报告，还与企业的质量管理系统的成熟度有关系。一个企业质量管理系统成熟不成熟或者系统是否有效怎么判断？国外将质量管理系统根据成熟度分为五个等级，这五个等级与我们的质量成本是相对应的。成熟度在第一级的时候可能预防成本比较少，但是内部损失成本很高，总的质量成本很高。第二级预防成本相对低，检验成本低到中，内部失败成本很高，外部失败成本非常高，总质量成本很高。到第三级、第四级再到第五级应该是一个质量成本系统不断成熟的过程，预防成本应该是比较多的，预防为主，检验成本应该是低的，外部失败成本也应该是低的，内部失败成本也相对比较低，总的质量成本应该较低。将这五个等级与质量成本对应起来，可以将质量成本管理与企业质管系统的评估进行结合，提升质管系统的成熟度和有效性，这是它的使用效率。所以我们可以考虑把企业战略管理、质量管理有机地结合起来，利用各种创新型的战略管理工具进行提升。

大家过去认为质量报告只适用于制造企业，其实借鉴国外经验，一些非制造企业包括服务型行业同样可以适用质量成本报告，在电器行业、物流行业国内外都有很好的例子。所以我们应该把这一理论延伸到非制造企业，在非制造企业里，提供服务同样有质量问题，也需要形成一套体系来控制。

六　从质量成本管理到降成本

质量成本报告与管理和降成本是密切相关的。所谓降成本，这个成本肯定是多方面的成本，生产成本当然是要降的，但是降幅是有限的，一件产品的生产就需要这么多原料，就需要这么多人工，就需要这么多的费用，降到一定的程度之后就不能再降了。另外就是质量成本，当生产成本不能降的时候就需要关注质量成本。

前文提到美国在 20 世纪 80 年代初期推出质量成本报告的时候，他们当时估算全美制造行业平均的质量成本占销售的比例是 20%。中国目前的质量成本还在 20% 以上，降成本是一个非常大的挖掘效益的空间。从 20% 降到 10%、5%、4% 是很大的利润空间。所以质量成本管理同降成本和去产能都是直接相关的。

在我们前期的一些企业调研过程中也看到，目前中国企业的战略性质量成本管理仍存在几个问题。

一个是质量成本报告与管理还不是很普及，虽然有些企业了解了，但了解也大多是停留在质量成本的报告阶段，没有对质量成本加以分析和利用。我前面讲到，质量成本管理不能仅仅局限于报告，会计的功能主要是报告，但是我们把质量成本管理提升到战略管理高度的话，就必须要进行分析和应用，目前中国企业这方面做得还不够。

还有一个问题是，质量成本报告和管理还只是出现在少数的制造企业，非制造企业的应用还不多，民营企业基本上未运用。但是我们在调研过程中发现，民营企业家对质量成本管理更感兴趣。他们对质量成本管理的热衷度高于国有企业管理人员，这也可能是由不同的考核和不同的管理体系所决定的。因为民营企业家们更加关心如何降低成本和提高利润，他们觉得质量成本报告和管理系统对他们更为有用，更希望引入应用。国有企业虽然也有利润考核指标，但是还有其他方面的考核指标和要求，所以反而相对不太重视质量成本管理。我觉得，在国内有必要积极推行战略质量成本管理，不仅制造企业，非制造企业和民营企业都要将其加以运用。

最关键的问题是，从目前的调查结果来看，现在国内企业的质量成本管理都尚未提升到战略管理高度，这一点应该是值得大家去推动的。要把质量成本管理从过去的传统的质量成本报告提升到战略性的质量成本管理这个层面，才能真正地提高企业的产品/服务的质量和经营效益，以及为企业未来的战略发展创造条件。这样的话，“去产能、降成本”就能够真正得到有效的结果。

企业降本增效机制是宏观经济决策的基石

于增彪　清华大学经济管理学院

在 2013 年中国成本研究会年会上，与会代表深入、广泛地讨论了各行各业成本和宏观经济中的各种成本，大家感到成本不仅关系到企业财务，而且关系到企业及整个国民经济的决策。这是个重要的观点，应该宣传出去，让各行各业的决策者、宏观决策者都知道这个观点，并付诸行动。令人振奋的是，2015 年中央经济工作会议将“三去一降一补”作为 2016 年的五项工作任务。在一定意义上，这五项任务互相交织，关键是降成本。对此，可以从三个方面来理解：

第一，我们的成本太高。有这样两个数字：一是单位 GDP 能耗，据测算，2012 年我国是日本的 7 倍，也就是说，生产 1 元钱的 GDP，如果日本用 1 公斤石油，我们得用 7 公斤，这是能源成本问题，也增加了国家能源安全战略的实施难度；二是劳动生产率，2016 年 9 月国家统计局报告称，2015 年我国仅为美国的 7.9%，也就是说，我们差不多 13 个人才抵得上美国 1 个人，这是人工成本问题，这并不意味着降工资，但确实无法与美国企业比竞争力。

第二，我们不重视成本。道理上，CPA 审计和税务部门征收所得税都应该复核企业成本计算过程，以便确认资产、负债、利润等数据的真实完整性。据我所知，CPA 和税务部门这样做的很少。据悉，一家大型集团公司一直使用直接成本法，并未受到税务部门制止。由于直接成本法在盈利企业有推迟纳税的效果，对企业有利，对国家不利，因此美国自 20 世纪 30 年代为此争论不休，美国国税局最终也没让步，到现在企业还是完全成本基础纳税。

我们之所以不重视成本，首先，与我国没有分行业的成本开支范围的法律法规有关，很多行业和企业根本说不清自己的成本是什么，主管部门应尽快补齐这个“短板”；其次，企业投资要转化为企业资产，最终成为企业折旧或成本，应该从投资一开始就严加控制，但GDP计算方法之一是投资、消费和进出口净额三项之和，因此，在宏观上，增加投资直接推动着GDP增长——不管这些投资效益如何，宏观管理与微观管理之间的差异是显而易见的；最后，在企业中，成本“只是发生，并不存在”，我们将原材料、人工、设备等物料投入生产过程，这时成本发生了，但从价格角度看，这些成本同时也是相对应的在制品存货和产成品存货的价值。

第三，成本必须与战略、与成本耗费所取得的效益、与竞争对手相结合。也就是说判断成本高低的标准是战略，是成本耗费所取得的效益，是竞争对手。在企业中，无论成本有多高，只要为了实现战略，就不算高；无论成本有多低，如果与战略无关，都是浪费。在长期内，如果一家企业的成本不能被成本耗费所取得的效益所补偿，如果成本效益比不过竞争对手，这个企业必将走向衰败甚至破产。我们把成本、战略、效益和竞争对手结合起来，称之为企业降本增效机制，即在足够长的时间内企业不但要赚钱，还要比竞争对手赚得多。我们希望有关部门在宏观决策中统筹考虑这四个要素，早日完成“三去一降一补”的艰巨任务。

为了说明前面的观点，这里讲三个故事。

第一个故事：尿素企业去产能①

今年上半年我到某市两家尿素企业搞调研。它们都有国家股份：一家（甲）国家控股；另一家（乙）国家是第二大股东。尿素行业也是产能过剩比较严重的行业。有趣的是，这两家企业的单位成本几乎是行业的两个极端：甲属于最高梯队，乙属于最低梯队。经过调查发现：建造功能几乎相同的办公楼，甲花费近3亿元，而乙花费不足1500万元；建造规模和技术水平都差不多的尿素生产工厂，甲投资18亿元，而乙才投资10亿元；工厂用工，甲大约1400人，而乙才

① 根据调研记录撰写，未经叙述者再核实。

400 多人。

显然，甲比乙创造了更多的 GDP，但经营状况比乙糟糕很多。实际上，甲的成本问题出在源头，多数为沉没成本，即使满负荷运营也不具有竞争力，用行政手段把它关掉，很可能是一项最明智的选择。

该市确实用行政手段限制尿素产能，但政策是：不管企业效益好坏，等比例限产。也就说，烂企业继续烂，好企业却好不起来，优胜劣汰被和成稀泥！按照波特的理论，在产能过剩行业，每个企业最好的自救办法就是实施成本领先战略，也就是把自己的成本降低到竞争对手的成本之下，进而降低价格，扩展市场，把竞争者赶出市场，从而去除过剩产能。

对于产能过剩的企业，价格最低可以降到变动成本的水平。也就是说，只要产品价格能够补偿该产品的原材料和工资这些变动成本，这个价格就可以接受。如果再有措施可以降低变动成本，其可降价的空间是很大的，特别是在那些微弱盈亏的企业很容易见到成效。

这在经济学中叫作亏本经营，乙企业就是按照这样的思路经营的。但是在市场中它们发现有的企业按照低于变动成本的价格销售，这意味着，不能补偿原材料和工资这些变动成本，其结果是不能继续经营，必将破产！但事实上这样的企业并没有破产，它们还是通过各种途径从银行贷款。在这种情况下，与其说是经营，不如说是浪费金钱，损害企业价值。这里涉及诸如企业制度、银行制度、银企关系等一系列问题，十分复杂。

乙企业的故事很长。它每年用 3 亿多度电。我国煤炭价格从 600 多元钱曾一度降到 300 多元钱，而且电力供过于求，但是电价却不降或只是微降。这不仅直接增加了用电企业的成本，而且极大地拖延和扭曲了这些用电企业，乃至按供应链连接起来的整个国民经济的正常运行，对“三去一降一补”任务的完成是负能量。

为了降低成本，乙企业发现内蒙古的电比国家电网每度电便宜 1 角钱，如果用内蒙古的电，一年可以节约用电成本、增加盈利 3000 多万元。2015 年乙企业利润为 3 亿元，如果其他条件不变，这一举措就意味着 2016 年利润增加 10%。结果，有关部门不允许使用内蒙古的电。最后，当地政府进行协调，允许使用本省内发电企业的电力，价格也可以双方协商确定，乙企业与发电企业最后的协商价格比国家电网价格低 3 分钱，即使很少，乙企业的尿素成本每吨还是降低了 30 元左右，总利润增加近千万元。

这个故事给我们很多启示，其中有两点特别值得在制定宏观决策时考虑：①产能过剩产业并不意味着这个行业所有企业都产能过剩，都是坏企业。按照 2/8 原则，至少有 20% 的企业是好企业。所谓“去产能”就是“优胜劣汰”，可用行政手段，也可用市场手段。我们建议以市场手段为主，以行政手段为辅。也就说，政府要为企业创造竞争环境和实施低成本战略的环境，通过成本竞争，消除过剩产能。②在“三去一降一补”的过程中，所有企业所处地位、自身性质、政策环境等都不相同，千奇百怪，相差悬殊（有国企、民企和外企；有上市与非上市；有市场有垄断；有的产品国家控制价格，有的产品则不是；民企生产要素全部市场化，国企员工则非市场化；等等），这不仅造成供应链条上很多瓶颈，而且有些情况下还造成“劣币驱逐良币”。如果一个企业产品的变动成本大于销售价格，这种企业就应该停产，但是它有可能是国企，管理层可能以稳定员工情绪为由，捆绑政府，一道去银行要求贷款。如果贷款成功并继续运行，必将扰乱市场，挤垮比它好的企业。

第二个故事：“林张之争”

最近，北京大学张维迎与林毅夫两位教授就国家产业政策展开了激烈辩论。在林毅夫看来，高质量的市场经济还需要一个强有力的政府，没有政府的产业政策，就没有经济的发展。而张维迎则认为，市场与企业家精神足以解决问题，没有政府的产业政策，经济发展得会更好。

很明显，林毅夫的观点不仅仅基于新古典经济学范式，即“市场失灵”需要政府干预，而且也符合马克思有机构成理论的逻辑，符合邓小平关于市场与计划的关系的论述。张维迎的观点也不单单基于米塞斯—哈耶克范式，更重要的是他发现了新古典经济学所谓的“市场失灵”不是市场本身失灵，而是市场理论失灵。

在这里，我无意，也没有能力对“林张之争”的是非做出评判，但不能否认的事实是：我们的经济体制就是将政府与市场勾兑在一起，企业运营环境中充斥着不同层级的产业政策，而且看不出政府有放弃产业政策的迹象，更何况，政府掌握着大量经济建设投资，几乎不可能从这些投资中剥离出与产业政策无关的投资。因此，目前最需要的是弄清楚产业政策失败和成功的原因，弄清楚在既定的产业政策下，企业如何运作才最有利。这两点正是“林张之争”所忽略的内容。

国家产业政策可以通俗地理解为政府有目的地支持某些行业发展，同时相对地抑制另一些行业发展，但归根结底表现为政府直接或间接地、绝对或相对地对某些行业增减资源配置或投资。这一点与“林张之争”中的观点接近，但不完整，需要增加一句，即国家产业政策的落地实施是在作为资源或投资承接者的企业中完成的。由此一来，很容易发现产业政策实施的三种机制：①国家产业政策所涉及的投资总量在产业之间的分配机制；②产业政策决定的特定产业投资总量在该产业的企业之间的分配机制；③特定产业中特定企业所获得的投资在企业内部的利用机制，也就是前面提到的降本增效机制。

如果①和②两种机制运行正常，那么，产业政策的成败就完全取决于企业降本增效机制。投资承接企业降本增效机制健全，产业政策就会成功，否则，产业政策就会失败。如果①和②两种机制运行不正常，其后果就是投资被分配到不该获得投资的企业，对产业政策的影响还是取决于这家不该获得投资的企业的降本增效机制。如果机制不健全，肯定一败涂地，但如果机制健全，则另当别论。因为降本增效机制健全的企业就是投资效率的保障，企业拿到资金以后总会找到谋利的方法，说不定可以矫正①和②两种机制的偏差，诸如此类。

有两点需要说明：①我国企业的降本增效机制在整体上还不健全。前面提到我国单位 GDP 能耗和劳动生产率的数据，另外，根据我的计算，我国投资效益系数（即固定资产投资 1 元钱所增加的 GDP）在 2011—2015 年平均为 0.12（2015 年低到 0.07），而日本基本上在 0.3 左右。这就是说，新增 1 元 GDP，我国需要固定资产投资

8.33 元，而日本只需要 3.33 元。就具体企业来说，中国远洋、中钢集团、江西赛维等企业的降本增效机制都存在着问题。只有解决好企业降本增效机制，政府产业政策才具有成功的基础。②政府根据产业政策安排投资，坚持以投资承接企业的降本增效机制为标准，机制健全的投，不健全的就不投。2009 年 4 万亿元经济刺激资金是好是坏自有公论，但 4 万亿元资金相关的“十大产业振兴计划”与这些产业当前存在的产能、库存、杠杆、成本等方面的问题很难脱开干系。现在最让人担忧的，一是只把投资当作拉动经济增长的手段，而敷衍对企业降本增效机制和投资效果的评价。二是在国家“走出去”战略引导下，我国国企和民企在海外的投资和并购金额急剧增长。发达国家的企业国际投资经验丰富，但其成功率也超不过 50%。我国政府在财税、金融政策上支持企业“走出去”是正确的，但稍有不慎，很可能遭受惨重损失。过去几年，欧美国家经济萧条、市场萎缩，我国企业在海外却有大量的溢价收购，这应该引起有关部门的注意，其中涉及海外投资评价、公司估值、海外子公司管控以及国际转移价格等一系列问题。

第三个故事：国有企业党的建设

中央已经决定，在国有企业加强党的领导，重大决策须由党委讨论后再由董事会决定。据我所知，很多国有企业已经在公司章程中增加了党的建设的内容。应该说，作为国有企业，履行党的职责、贯彻国家战略并非不合乎情理。这里有三个问题需要澄清：

（1）国有企业作为企业必须降本增效，追求价值创造，但与加强党的领导并不矛盾。大家知道，从党的十一届三中全会开始，党的工作重点已经转移到经济建设方面，至今我们仍然坚持这条基本路线。因此，在国有企业坚强党的领导，只会更强有力地推动国有企业降本增效和创造价值。实际上，国有企业履行党的职责、贯彻国家战略与降本增效、创造价值这两个方面是不可分割的。国有企业坚持党的领导就是要坚持在履行国家职责、贯彻国家战略的同时降本增效、创造价值——否则，不可持续；就是要坚持在降本增效、创造价值的同时履行党的职责、贯彻国家战略——否则，何谈国企。

（2）国有企业加强党的领导是对国有企业治理结构的创新或变革，可以更好地维护股东利益。到目前为止，各种企业治理结构的模式都有利有弊，存在着这样或那样的现实问题。就各国的情况看，企业的治理结构与企业（或母公司）所在国政治治理结构基本相吻合，美国、日本、德国都是如此。而我国《公司法》规定的企业治理结构与国家政治治理结构差别很大，变革是必然的。在这个意义上，国有企业加强党的领导可以看成改善国有企业治理结构的积极而又有益的尝试。根据英国皇家管理会计师协会（CIMA）所提出的企业治理结构的框架，企业治理包括法人治理和业务治理。法人治理就是保证企业高管层的决策和运作能够符合股东的利益，业务治理就是保证企业高管的决策和运作能够提升经济效益，而企业战略则是法人治理和业务治理之间连接的桥梁。很明显，通过加强党对国有企业的领导来变革国有企业法人治理，可以更强有力地保障企业高管的决策与运作能够符合党的职责和国家战略，然后，再通过企业战略将党的领导延伸到业务治理领域，降本增效，创造价值。

（3）国有企业加强党的领导是在强化国有企业的内部控制制度，可以防范经营损失、舞弊和腐败。内控制度是一种工作环境，可以使坏人变好，好人更好；也可以使好人变坏，坏人更坏。内控制度也是一种当事人相互牵制制度。如果说法律让人不敢做坏事，道德让人不愿意做坏事，那么，内控制度作为牵制制度就是让人不能做坏事。从技术层面看，企业治理结构就是一种内控制度，而国有企业加强党的领导明显地改变了企业高层的工作环境，增加了新的牵制因素。这是中央对于某些国有企业一度泛滥的利益输送、资产流失、贪腐浪费等问题的积极反应，由此也增加了一条通道，使国有企业的降本增效及价值创造与党的职责和国家战略衔接起来。尽管相关细节、要素、结构和系统还需进一步研究，但对于国有企业内控制度建设，一定是正能量！

最后再强调几点：

经济学家和宏观政策制定者应该关注企业的内在运作机制，同时保障宏观政策的微观化，要“一竿子插到底”。

宏观决策应充分考虑企业效益，只有把企业降本增效、企业价值创造作为宏观决策的基本考虑，才能从容应对国民经济运行中的风险和挑战。

中国最大的特色是国有企业。在国有企业加强党的领导，既能保障国有企业作为企业而更好地发挥降本增效、创造价值的功能，又能有效保障国家作为股东在国有企业中的利益。

全成本核算在事业单位核算中的思考

——以医院和高校为例

裴　育　南京审计大学

成本问题，一般在企业核算过程中多有涉及，行政事业单位也讲成本问题，但是限于如今的会计核算方法（以收付实现制为主），一般单位采用费用核算方法，运用成本核算的相对较少。在实际操作过程中，事业单位在成本核算过程中的问题较为突出，本文以医院和高校为例加以说明。

在医院和高校运行过程中，运用成本核算方法非常典型，尤其需要运用全成本核算方法。比如，医院的医生或高校的教授在实际操作过程中更多考虑的是直接成本，对于他提供服务的相关间接成本往往考虑得比较少，如某个部门的某领导在办一个培训班的过程中，可能会核算培训班的人工、交通、通信、印刷等直接成本，但是很少会考虑到为其提供服务的学校总务、行政管理、教学设备设施等相关间接成本，然而这中间发生的系列成本可能比培训班运营的直接成本要多得多。

一　全成本核算的基本内涵与外延

全成本核算是指全过程、全员参与和全要素核算的全面成本管理体系，以医院和高校为例。从医院来看，其全成本是指在预防、医疗、康复等医疗服务活动中所耗费资金的总和。按成本形态区分，医院成本分为变动成本和固定成本；按可控性区分，医院成本分为可控成本与不可控成本。医院的全成本核算体现在“两全”：一是要素全，既有直接成本，又有间接成本，既算可控成本，又算不可控成本。横向看，包括全部科室、全部核算单元；纵向看，医院、科室（单元）、病种、项目，对构成成本的所有项目均要进行计量、分析、考核和控制。二是过程全，与医院经济运行有关的每个环节都应纳入全成本核算范围，如资产购置，从计划、论证、招标、采购、验收、入库、出库、使用到报废整个过程中的各个环节，是否节约费用，是否降低成本，最终都能直接或间接地从医院成本中反映出来。

从高校来看也是如此，高校全成本是指高校所发生的成本和社会及学生家庭所支付的成本，而狭义的成本是高校所发生的成本。按经济内容划分：高校的办学成本包括人员支出、公用支出、对个人及家庭的补助支出、固定资产折旧四部分［依据《高等学校教育培养成本监审办法（试行）》（2005）］；同时规定，科研事业支出按30%计入教育培养成本。按经济用作划分：高校的办学成本包括人员工资、业务费、公务费、修缮费、折旧费等；《普通高等学校学生标准培养成本计算办法》（2007）规定：学生标准培养成本分为标准教职工人员成本、标准学生资助成本、标准日常教学维持成本和标准土地及固定资产使用成本。其实在办学过程中越来越突出地体现出它更应该是一种广义的全成本，比如某一负面行为被曝光后，为了妥善处理此事，回应社会关切，高校、社会和学生家庭均要为之付出相应的成本（可计量的显性成本或不可计量的隐性成本，如高校声誉、学生未来的就业前景等），而这些成本在高校办学过程中往往是被忽略的，但是发生之后又不得不去付出这些成本。

二　全成本核算在事业单位应用中的难点

医院在进行全成本核算时，其实施难点主要有：

（1）结果运用很难满足医院发展和临床实际需求：针对不同科室、不同业务流程和项目，甚至不同阶段，其成本核算范围和内容及计算方式确定相对较难。

（2）核算单元的划分较难：传统成本核算科室口径过于宽泛，需要厘清门诊与住院、医疗与教学、医疗与科研、诊疗与医技、诊疗与护理、本部与分院的收支边界。

（3）人力资源动态管理较难：各类人员在门诊与住院、本部与分院、医疗与教学、医疗与管理以及同一科室亚专科之间频繁流动，不利于人力成本核算。

（4）业务流程的重组给全成本核算带来的冲击：由于人员调配、考勤登记、物资出入库管理、固定资产调拨和报废流程等，需要相关流程再造适应成本核算要求。

（5）信息孤岛带来的整合成本：医院大部分信息仅与本部门业务相关，未考虑相关信息系统对接和信息共享问题，不能及时、准确获得所有与成本核算相关的数据。

（6）尚未纳入核算范围的成本内容：一些成本由于计量和分摊难度没有被纳入，如土地成本、医护人员市场价值、医院品牌形象价值等。

高校在进行全成本核算时，其实施的难点主要有：

（1）对高校教育成本核算理论框架体系研究不足：目前，国内学者研究大多集中在高校教育成本的核算对象、核算内容、核算期间和核算方法等方面，而对高校教育成本核算的核算目标、信息质量要求、核算前提、计量基础等以目标为中心的相互关联、协调一致的概念框架体系缺乏全面系统的研究。

（2）对科研支出成本核算研究力度不大：目前有关科研支出是否计入教育成本、如何计入教育成本等问题尚存在较大分歧。

（3）有关学者提出的全成本核算方法操作过程复杂：为了全面核算教育成本，学者们提出的核算程序和核算过程不仅复杂而且操作难度大。同时，目前的核算办法没有包括社会及学生家庭支付的成本，如何体现在全过程、全要素之中，仍然值得研究。

（4）对不同类型高校教育全成本核算的研究不够深入：目前，有关学者研究全成本核算的高校类型较少，高校分类也不够合理；研究方法主要以规范研究和案例研究为主，缺乏针对不同类型高校教育成本差异性的实证研究。

三　全成本核算在事业单位应用中的对策

有关医院全成本核算的思考：

（1）制定内部服务价格、公平合理考核科室成本（即模拟市场运作）（每个业务部门可视为一个成本责任中心）。这样做，将有利于弥补成本核算中简单分摊造成的不合理，使成本核算数据更准确、职责更明确；同时也有利于调动提供服务科室的工作积极性。

（2）建立与全成本核算相适应的资产管理流程，建立物资库存预警体系，提高物资管理能力和使用效率。

（3）将成本核算与预算、资产、绩效有效结合，实现多位一体的联动管理体系。建议上医院 ERP，建立医院全面预算体系，在精简合理的基础上，结合医院发展规划编制预算，将全成本核算理念贯穿其中。

有关高校全成本核算的思考：

（1）尽快建立高校教育成本核算理论框架体系：从全成本的角度构建一套比较适用的成本核算体系，其基本原则是：宜粗不宜细，在总体框架范围内，鼓励各类高校根据自身特点细化成本核算指标。

（2）加强对不同类型高校科研支出成本核算的研究：基于全成本核算的一般框架，针对不同类型高校构建具有针对性的成本核算体系，如科研为主型高校、教学为主型高校、科研与教学并重型高校，其成本核算的侧重点应该有所区别。

（3）加强对高校成本核算实务操作方法的研究：为了减轻财务人员的工作负担，在全成本核算体系框架下，注重各环节的信息化，如果可能的话，建议上高校 ERP 软件，对相关成本核算信息进行整合，提高成本核算效率，保证高校成本的科学化。

（4）加强对不同类型、不同层次高校教育成本核算差异性的研究，这样做的结果将有利于教育成本的控制与分析。

（5）适时将机会成本纳入全成本核算范围，全面核算办学成本，提高办学效益（社会效益和经济效益）。

因此，这里得出三点基本结论：一是全成本核算不仅需要从思想层面，更要从制度层面应用到事业单位之中；二是相对于标准成本法，作业成本法更可取（可较为准确地将间接成本分摊到相关成本单元中）；三是机会成本法在事业单位全成本核算中是一种需要重点考虑的方法。

成本研究思路的一点建议

易　矛　武钢集团

成本是一个永恒的课题，长期以来中国成本研究会致力于成本管理和成本学科体系的研究，调查成本管理中的问题，探讨解决的途径，向国家和有关部门提出建议。在当前宏观调控稳增长和供给侧结构性改革的经济形势下，我们成本研究会的使命是什么，我们应该重点研究什么，对宏观、微观的成本管理指导什么、建议什么，正是我们今天会议的命题。我在成本管理的岗位上工作了 20 多年，是企业微观成本管理的实践者，企业赋予的管理职责要求我不断地研究成本管理的问题、重点和难点，实践成本管理的各种研究成果和方法，陪伴企业走过了成本管理的初级阶段，即树立企业成本意识；走过了成本管理的成熟阶段，即全面推广和指导运用企业成本管理方法，建立和完善成本管理体系；步入了成本管理的发展阶段，即不断扩大成本管理的外延，将其从制造环节延伸到企业运营、资本运营及企业战略上去。我有一个体会：当成本管理的意识建立了、基本方法掌握了之后，因趋利意识的本能，各个运营主体内部在激励机制下会主动形成成本控制氛围，追求降低成本效果，此时我们的成本管理和研究重点就应该转移到各个运营主体之间的结合部，最终建立系统性降成本机制，形成成本管理体系的最优化。治大国若烹小鲜，为此，我想说三个层次的“相结合”研究。

第一层次，微观成本管理的“相结合”研究与指导。我在实践过程中总结归纳了制造业成本管理的三个领域：一是技术进步降成本，这是硬件；二是管理进步降成本，这是软件；三是技术进步与管理进步相结合降成本，这是企业升级与发展的关键。在有效的激励机制下，一般来说，前两者各职能部门各作业环节都能主动思考、自觉推动自身的成本管理，而“相结合”的成本管理恰恰需要我们专业管理人员去研究、去推动。这一点在制造业的企业里尤其典型，管理进步能发现制造技术的瓶颈，技术进步能反映管理的“短板”，怎样能让它们相互促进而不是相互制约，正是我们微观成本研究需要积极切入的重点和难点，这样的成本研究和成果推广，不仅能够促进企业技术进步和管理进步的投入效果最佳，而且能够促进成本管理的持续性进行，进而促进企业管理与运营的良性发展。

第二层次，中观成本管理的“相结合”研究与推进。行业内部的上下游之间、跨行业的产业链之间的成本问题常常会是商家是非之地，也是一个很难协调或者不被重视的领域。这里面不仅有市场供求关系问题、行业标准与质量管理问题、资源的有效运用与效率问题，更有全社会的商业道德与信用问题等。我有一个切身体会，钢铁企业的产品基本不是最终消费品，钢坯、钢板、钢卷是本企业的商品，更是下游企业的原材料，当钢企的产品以负公差交货的时候，它的负公差值是符合行业标准的，这样的产品在制造环节是可以大大降低成本的，而下游的产品使用者就不一定了，在深加工或者剪切成所需尺寸时可能会形成一定的材料浪费，从而造成下游产品的制造成本上升。在钢铁市场产品过剩，下游提高交货要求的博弈中，钢企纷纷与下游的制造商建立战略合作伙伴关系，如汽车、桥梁、锅炉容器、家电等企业，以帮助它们提高品质、降低成本为出发点来促进钢铁产品的销售，在帮助了下游企业的同时也改善了钢企的市场适应能力，还能够高效地利用资源以提高社会效益。由此可见，中观行业之间、产业链之间存在着大量类似的问题需要我们去调查研究和解决，其中行业标准问题尤为突出。怎样引导行业标准的建立符合行业综合成本最低的宗旨，有利于跨行业降低成本，实现产业链的成本有效控制，有很多的结合部需要研究，如与下游品质、计量、规格相结合的行业标准与成本的关系等，正是我们可以积极介入的研究领域，这方面的研究成果不仅能够帮助行业之间、企业之间提高融合度，也能帮助它们提升竞争优势，挑战国际市场和高端市场。

第三层次，宏观成本的“相结合”研究与建议。随着改革的不断深入，宏观调控的难度也在加大，国家财政与税收政策、资本与金融政策、社会保障与劳动就业政策等，都会出现不适应和矛盾，这些问题最终都会反映到微观层面上去。我建议宏观成本的研究积极涉足宏观成本与微观成本相结合的领域，微观领域的诉求密集点就是宏观政策的改善点。比如在社会保障问题中，研究企业的成本承受能力和国家地方财力的承担能力之间的平衡点和过渡期等，依据这些研究成果来提出建议，推进改革进程的有序发展和良性运行。

总之，降成本就是要去掉不合理成本，包括政策的、制度的，就是要改善无效率和低效率成本，包括资源的、标准的。不论哪个层面的成本研究，都是以降低成本为出发点的，而“相结合”的成本研究则不一定是成本越低越好，它是一个成本最佳化的研究，是一个资源最优化的整合研究。

焦作市政府大数据降成本的创新应用

申相臣　河南理工大学财经学院

科技革命的加速推进，特别是大数据时代的到来，为各级政府提升治理能力、降低行政成本提供了新的机遇和挑战。河南省焦作市委市政府审时度势，抢抓机遇，充分发挥多年来焦作地方公共财政改革发展的基础优势，有效利用“财经沙盘”、“综合治税”、“智慧财税”、互联网、大数据、云计算、智慧焦作等现代信息技术手段，持续改革，创新应用，率先突破，在开发利用政府大数据降成本方面进行了积极探索和重点应用，取得了显著成效。笔者虽然离任休息从事财经和成本课题研究，但曾主导焦作财政改革多年，感悟很深，并时刻关注焦作政府财政改革发展动态。有鉴于此，本文旨在就大数据时代成本管理与供给侧结构性改革进行学习交流。

一　实践创新有基础

财政是国家治理的重要支柱和基础，也是各级政府提升治理能力、降低行政成本的重要工具和手段。焦作市利用政府大数据降成本、提升政府治理能力，具有实践创新的良好基础，持续多年的焦作地方公共财政改革创新成果与政府大数据降成本有异曲同工之妙，先前创造了“财经沙盘”、“财税信息共享平台”、“综合治税”、“智慧财税”等大数据降成本信息共享平台的雏形，累积了思维变革、财权入笼、制度创新、利益调整、科技支撑、公众参与、预算透明、决策民主、部门协同、路径选择、风险防控和稳妥操作等系统工程的基本要素，特别是“焦作公共财政改革：推进基本公共服务均等化”项目获得世界银行和国家财政部的技术援助而成功实施，被第三方评估机构国务院发展研究中心中国发展研究基金会和财政部财政科学研究院誉为中国地方公共财政改革的标杆样本和成功案例，受到世界银行和财政部的肯定和好评。国务院总理李克强曾给财政部和河南省委省政府主要领导亲笔批示，要求予以重视和总结。焦作财政改革还荣获2013年第七届中国地方政府管理创新奖。百尺竿头更进一步，在此基础上学习借鉴，总结提炼，按照大数据降成本的基本要求再创新完善，就能水到渠成，事半功倍，加快实现政府大数据降成本的改革目标。焦作市委市政府实事求是，尊重历史，总结规律，发挥优势，大胆实践，创新应用，明确在政府统一领导下，财政部门先行突破，拓展平台，开展业务指导，在认真总结焦作地方公共财政改革发展成果的基础上，统筹利用综合开发“财经沙盘”、“综合治税”、“智慧财税”、互联网、大数据、云计算、智慧焦作等现代信息技术手段，站位全局，整体设计，重点应用，分步实施，有效利用政府大数据优势，降低行政成本特别是制度性成本，切实提高政府治理能力和服务效能，为促进焦作经济发展、社会进步和人民幸福多做贡献。

二　理论创新有思路

焦作市贯彻落实国家实施大数据战略部署的总体思路明晰，坚持理论和实践相结合，整体设计和重点应用相结合，创新热情和务实操作相结合，时刻保持清醒头脑，树立大数据思维，激发新常态活力，立足地方优势，突出创新应用，面向社会服务，解决实际问题。

放眼世界，数据资源和土地、资本、技术、劳动力等生产要素一样，已成为国家基础性战略资源，大数据正日益对全球经济运行机制、社会生活方式和国家治理能力产生空前影响。

聚焦中国，党中央、国务院高度重视大数据发展及创新应用，党的十八届五中全会明确提出实施国家大数据战略，国务院《促进大数据发展行动纲要》要求各级政府树立大数据思维，借助大数据手段推动政府管理理念和社会治理模式进步，实现国家治理体系和治理能力现代化。

正视焦作，我们正处于爬坡过坎、克难攻坚、转型发展的关键时刻，政府治理面临大量新情况、新问题，一个以大数据倒逼政府治理能力提升的态势正在形成。特别是随着工业化、城镇化、信息化建设加快，城乡发展不平衡、区域发展不协调问题突出，社会结构和利益格局正在发生着深刻变化。随着人们日益增长的物质文化需求，特别是互联网、大数据广泛运用，人民群众对公共管理、社会服务、民生保障的需求呈现出个性化、多样化、精准化的新特点，对改革的获得感、参与感、认同感提出更高要求，政府需要处理、应对的公共事务的规模和种类海量增长，复杂程度和应对难度前所未有，传统的思维方式和治理模式面临严峻挑战，迫切要求全面深化改革，转变政府职能，从理论和实践的结合上加快“六个转变”：由封闭管理向开放治理转变，由单向管理向协同治理转变，由被动应对向主动服务转变，由定性管理向定量管理转变，由粗放管理向精准化管理转变，由运动式管理向常规性管理转变。由此，实现安邦理政思维的变革、社会治理手段的改进、政府决策技术的进步、风险掌控能力的提升、公共管理流程的再造、社会协同治理的优化。知行合一，贵在落实，政府部门通过应用大数据提升行政能力和工作质效，并有效降低管理成本，从而推动政府管理理念和社会治理模式进步，逐步实现政府治理结构和治理能力现代化。

三　整体设计有方案

《焦作市政府大数据应用与服务平台的实施方案》设计的总体目标是：利用大数据思维和技术建立全市统一的政府大数据应用与服务平台，整合各部门的政务信息和业务专题数据，建立宏观经济预测、分析、预警体系；促进政府部门间信息共享、数据共用；强化财源管理、监测评估与风险防范；规范支出领域管理，节约财政支出，推进和规范财税领域各项工作管控智能化、流程化；创新政府大数据在各领域的应用与服务，逐步实现政府智能化管理，整体提升政府管理服务水平和治理能力；通过政府大数据与信息、高端制造、循环化工、生物医药、新材料、新能源等领域的深度融合和创新应用，进一步带动全市相关产业转型升级，创新发展焦作大数据产业，通过大数据产业壮大产业总量，带动转型升级，构建强产业体系，促进协同发展。

建设内容是："一个平台"——焦作市政府大数据服务平台，集成政府内外信息系统产生的数据，形成全市统一的大数据资源池，提供统一的数据管理、数据挖掘、数据共享和数据展示服务。"三层网络"——实现部门专网、政务网、互联网三层网络信息的互联互通，提升数据共享的层次和效率。"五大系统"——部门数据采集系统、互联网数据采集系统、数据管理系统、数据应用系统和数据开放系统。"九类数据集"——大数据仓库梳理分类形成政府宏观管理与决策、社会治理与服务、市场主体服务与监管、社会信用体系、综合治税、政府资金监管、企业监管与服务、信息共享与开放、部门行业应用、大数据创新驱动。通过构建大数据服务体系，最终实现政府大数据多元化的创新应用。

建设原则是："需求导向"——围绕政府履职需求和服务社会民众需要，不断提高政府大数据的支撑作用和应用效能。"统建共享"——优化顶层设计，整合各类资源，共建共治，共享共用，以提高政府大数据基础设施利用效率、推动信息资源开放共享为主要手段，促进智慧政务集约化发展。"创新驱动"——准确把握信息化发展趋势，不断创新理念，探索政府大数据创新发展的新思路、新应用、新模式。"安全可控"——围绕国家信息网络设施安全可控战略，落实国家信息安全等级保护制度，强化网络和信息安全管理，加强监督检查，落实安全责任，确保重要网络、应用和数据安全，确保国家秘密安全。"协同发展"——加强统筹规划，理顺体制机制，建立完善各级政府横向协调、纵向联动、政府主导、社会参与的政府大数据协同发展机制，推动统一网络平台、统一安全体系、统一运维管理的一体化建设和业务应用协调发展。建设周期为两年，建设模式为 PPP 合作共建。

四 具体操作有路径

一是掌握核心技术。充分发挥焦作现有智慧财税核心优势，依托云计算中心提供的云计算硬件资源，借助浪潮云海 OS、浪潮大数据开放 IOP 平台和浪潮卓数大数据管理服务平台，实现焦作市政府内部、第三方和互联网三方数据资源全面采集、有效整合、安全存储、快速分析处理和开放共享。

二是编制大数据名录。通过平台建设需求调研，开展政府部门内部信息化系统和数据情况的摸底工作，由过去“要什么，梳理什么”向“有什么，梳理什么”转变，整理形成焦作市政府大数据名录。

三是采集管理大数据。依据焦作市政府大数据名录，针对大数据载体的特性，建立完善的数据智能采集、元数据管理技术支撑体系。建立健全共享数据管理机制，按照“一类数据来源于一个权威部门，权威部门负责更新维护”原则，实现对大数据的一体化管理。

四是整合共享大数据。通过对政府大数据名录的规范、梳理、整合，形成各类主题大数据库，再与业务相结合，建立密切关联的大数据集，打通政府内部的信息孤岛，实现政府内部部门间双向、良性数据共享机制。

五是建立公共服务体系。在政府大数据名录的基础上，筛选出政府各部门可以开放的数据集，通过建立政府数据开放平台，制定数据开放政策规范，明确数据开放的原则和要求，保证数据开放的规范化和制度化，包含用户、协作、资源、管理和应用五大中心。其中用户中心实现用户全生命周期的管理；协作中心提供基于社会化的协作与共享能力；资源中心提供对数据资源的访问、共享和安全的管理；管理中心实现系统运营管理；应用中心为用户和开发者提供软件应用服务。通过五大中心为政府部门提供数据资源和服务，为企业和个人提供数据的再利用，并鼓励企业和个人利用大数据开发特色应用，带动创新产业发展，有序推进政府数据开放和社会化利用。

六是构建产业体系。统筹规划，逐步建立焦作市政府大数据产业体系，通过政策资金带动，支持和引进焦作大数据企业，资助大数据产业链关键环节引进和培育、重点企业发展、产业化项目建设、创新能力提升、创业项目孵化、应用示范等；设立大数据产业创投引导基金，为创业企业提供股权投资、创业投资、创业管理服务等业务；强化市场驱动，大力培育大数据产业应用市场；强化外力拉动，紧密融合浪潮集团要素资源，加强与大数据企业的多层次合作，推进自主创新成果产业化转移，提升大数据创新资源聚集度。

七是建立支撑体系。围绕市政府决策需要，在各类数据集的基础上，充分利用职能部门各类专业系统和大数据智能分析模型，开展统计分析、预测预警和评估研判，及时掌握经济运行与社会发展的实际状况和发展趋势，不断提升政务数据保障和辅助决策能力；依托政府数据开放平台，积极稳妥推动政府部门向社会开放各类信息资源，鼓励各类社会主体进行增值开发利用，促进信息服务产业发展和信息消费，充分发挥政府信息资源的社会效益和经济效益。

八是建立安全保障体系。按照制度安全明确管理职责、访问权限、交换程序、共享办法、开放范围等内容，为数据应用与服务涉及的安全和隐私保护提供制度保障；按照技术安全从物理、软件、网络、应用、数据等环节划分安全边界责任，确保数据应用与服务平台安全可靠运行。

九是界定大数据收集指令。如政府宏观管理与决策大数据，主要包括经济运行、生产建设、事业发展、财政税收、企业管理、民生保障等方面及其他相关数据，由市财政局、市发改委、市工信委、市统计局、市直各有关部门、各县（市）区人民政府、市城乡一体化示范区管委会负责落实；再如社会治理与服务大数据，主要包括网络舆情、户籍人口、社会稳定、公共安全、社会事业、公共服务、社会保障等方面及其他相关数据，由市财政局、市公安局、市人社局、市食品药品监管局、市卫计委、市政府信息中心、市直各有关部门、各县

（市）区人民政府、市城乡一体化示范区管委会负责落实。以此类推，对市场主体服务与监管大数据、社会信用体系大数据、综合治税大数据、政府资金监管大数据、企业监管与服务大数据、经济分析大数据、大数据产业创新驱动与发展相关数据以及政府大数据平台建设所需要的其他数据，分别界定大数据收集指令，明确有关部门和地方政府负责落实。

十是落实大数据保障措施。按照“政府领导、财政（发改、工信、信息中心）牵头、部门配合、云技术支撑、共建共治”的原则，成立了政府主要领导为组长的领导小组，领导成员为主要参与地方和部门“一把手”。各成员单位必须成立“一把手”为组长的领导小组和具体办事机构，及时、完整、准确地提供平台所需数据信息，并做好平台建设相关工作。建立动态监控、每周例会和每月汇报制度，完善工作问责和奖惩机制，确保高效有序、按时按质完成任务。

五　创新应用有成效

多年来，焦作市政府财政高度重视大数据信息化建设工作，依靠科技进步，创建信息平台，共享数据资源，提高工作效能，降低管理成本，先后自主研发创新应用“财经沙盘”“财税信息共享平台”“综合治税”“智慧财税”等科技成果，在实际工作中收到明显成效，为政府实施大数据发展战略奠定了基础。特别是2011年以来，焦作市以“财税信息共享平台”“综合治税”“智慧财税”为载体支撑，在全省率先开展信息共享、综合治税领域的实践与探索，先后印发了《焦作市人民政府关于加强综合治税工作的意见》，成立了市综合治税领导小组，建立了以部门提供涉税信息、财税跟进加强征管为核心的工作机制。焦作市财税信息共享平台是一项由政府主导，财政、国税、地税等50个部门共同承建的一项涉及全市经济财税领域的大数据信息化工程。核心目标是通过平台建设逐步构建和完善政府财税大数据体系，促进信息共享、对称管理，实现信息管税、综合治税、增收节支，推进财税与经济协调发展。主要作用是建设全市财经大数据总库，为政府领导层宏观管理与决策提供数据支撑；促进全市财税数据信息资源共享与交换，服务政府各部门的管理与业务，促进对称管理，推动部门管理规范化；强化对财税及企业数据信息资源的监管，通过不同部门、不同数据信息的比对，排查税收疑点，挖掘流失和潜在税源，利用信息综合治税，实现增收管理；通过核实人口、政策效果等基本信息，减少政府粗放管理重复性支出，实现节支管理。增收节支应用平台建设主要包括：国地税增收子系统各自统一部署，应用重点是数据比对、分析监测，发现疑点数据，核查漏征税款，核心是建立国地税系统纳税风险评估及风险防范体系；财政节支子系统主要是财政供养人员支出、人社各类保险和民政低保家庭基础信息比对应用；综合治税信息报送子平台上线运行，统一平台纳税人基础信息，规范数据标准，建立“数据身份证”，建立企业“一户式”管理模式。大数据信息平台建设极速提升了焦作财税领域信息化管理应用水平和治理能力。2015 年通过市本级各类参保人员信息比对，发现重复参保人员 4.7 万多人，涉及财政补贴 1035 万元。2014 年至 2016 年 5 月底，全市共增加综合治税收入 14.17 亿元。综合治税作为部门联合行政的一项有益尝试，发展成为多家部门组成的有效运行体系，其成效不仅体现在财税增收上，更反映在提高依法行政能力的管理机制上。通过平台建设逐步形成了对成员单位信息化建设的倒逼机制，促使成员单位重视数据、关注数据、提高信息化水平。综合治税不仅要深挖税源，更需要多部门广泛参与，形成全社会广泛参与齐抓共管的社会化税源控管机制。特别是通过“综合治税”“智慧财税”大数据降成本管理，实现了对财税运行全过程进行数据留痕、融合分析，“权力入笼”防范了税收征管风险，“堵漏挖潜”实现了增收节支，提升了行政效能，规范了权力运行。

六　复制推广有价值

焦作案例昭示，政府大数据降成本应用前景广阔，开发潜力巨大，使用价值无限，对深化供给侧结构性改革、降低政府成本、提高行政效能、促进政府治理结构和治理能力现代化意义重大，影响深远，很有必要，非常及时。目前，尽管焦作仍是初始阶段局部突破个案效应，但其先行示范“星火燎原”之势不可估量，许多方面值得学习借鉴乃至复制推广。

一是新思维。大数据作为一种新型的技术革命，迅速改变着我们的生活方式和思维方式。在机遇和挑战面前，焦作市委市政府抢抓机遇，主动融入，发挥优势，实事求是，对政府如何利用大数据思维创新治理体系，提升治理能力，优化资源配置，降低行政成本，重新进行全面审视、战略定位和整体设计，从理论和实践的结合上研究制定了一系列切实可行的措施和办法。特别是在前期焦作公共财政改革成果的基础上，及时拓展大数据财税信息平台，取得了综合治税增收节支的显著成效，让政府和民众有了获得感，这种整体设计和重点突破的先行示范，为焦作大数据新思维的全面实施注入了新的活力，增添了新的动力。

二是新技术。利用大数据降成本提升政府治理能力，是一项科技含量高、涉及范围广、标准要求严的技术创新应用，必须精益求精，确保万无一失。焦作市委政府高瞻远瞩，未雨绸缪，既敢想敢干，又善做善成，从夯实基础设施到强化数据关联，从推进流程自动到实现跨界融合，不折不扣完全按照“信息化、数据化、自流程化、融合化”的大数据技术管理规则，制订了一系列科学严密的操作流程，培训了一大批精通大数据技能的业务骨干，为成功应用大数据新技术做好了充分的人才储备和安全保障。

三是新机制。焦作紧紧围绕“用数据说话、用数据决策、用数据管理、用数据创新”建设大数据管理新机制，实现跨领域、海量性、专业化和有边界、有规则、有步骤的数据开放共享，创新应用大数据推进政府决策科学化、政务管理精准化、公共服务多样化、治理模式多元化、权力制约无缝化，全面提升政府效能和治理能力。比如借助大数据手段，对政府部门权力运行过程中产生的数据进行全程记录、融合分析，及时发现和控制可能存在的风险，挖掘分析出各类不作为、乱作为及腐败行为发生的“蛛丝马迹”，并通过实践不断完善，逐步走向合理化、规范化、科学化、法制化，从而形成权力制约无缝化的全程监督和技术反腐体系。

四是新常态。随着海量数据的聚集、融合以及大数据思维手段的广泛应用，政府治理模式由一元转变为多元将成为新常态。比如焦作主动适应政府治理新常态，在大数据应用平台开发的社会治理与服务数据集，就包括网络舆情、户籍人口、社会稳定、公共安全、社会事业、公共服务、社会保障等公共数据资源的开放共享，不仅是为了保障公民知情权的需要，更是推动地方经济社会发展、营造创新创业氛围的基础性支撑。政府大数据由“一家独享”向“政府搭台、社会唱戏、全民共享”转变，使共建共治新常态理念深入人心，逐步形成网络状、实时化、多维度的政府、社会协同治理的供给侧结构性改革新常态，实现以大数据提升政府治理能力的主要目的。

基于大数据的企业成本控制新趋势*

于长春　南昌职业学院

朱梦瑶　国家会计学院

一　企业传统成本控制中存在的问题

1. 成本中心偏失，影响管理决策

近年的研究报告显示，企业70%以上的成本来自研发阶段，但按成本核算制度，不符合资本化的部分均应计入期间费用，只有剩下30%才被计入产品成本。因此，可以说最终产品的质量投入很大程度上取决于研发阶段的成果，而企业后期发生的采购费用、投产之后的制造费用等对于降低成本效果颇微（王晓丽，2011）。故而，这样的偏颇将导致企业产品成本扭曲，分散关注重点，如此循环往复，失真的财务信息会直接影响企业管理者的决策。

2. 短期信息失真，淡化长期战略效应

在传统计量模式中，成本控制以短期效益为纲，这直接影响企业的长期战略的执行。例如，随着大数据的发展，企业若要顺应潮流搭建会计信息系统（Accounting Information Systems，AIS）平台，则必须在前期准备工作上斥巨资，那么前期的高风险状况极有可能导致整个战略的失败。同时，短期的预测往往会忽略弃置费用等后期的隐性成本，使整个预测结果失实。并且，传统成本管理在以追求利润最大化

* 本文是财政部课题“中国成本管理会计及其发展研究”的中期成果。课题编号：2015KJB014。

为己任的同时忽略了当下最重要的一个关注点——风险，如企业经常依靠改变折旧而影响短期利润，这样的短期性无疑将削弱企业的长远发展能力（王简，2002）。

3. 间接费用简单化，忽略真正成本动因

传统成本核算系统以单一数量标准分配生产费用，从而忽视了标准的“性质”，使得动因不同的耗费归集不能各得其所，致使产品成本失真，利润计算扭曲，尤以近期工业 4.0 时代，制造业时代的数据化、个性化的产品更甚。以机械加工企业为例（刘艳双，2010），传统核算与以动因为导向的作业成本法、间接费用分配率计算基础不同，而这种差异将直接导致成本归集不准确，最终导致后期运营与利润预测（见表 1）不准确。

表 1　　两种方法下三种产品的单位成本比较

项目	包含直接成本的单位产品成本			除去直接成本的单位产品成本		
产品名称	车用轴承	自拴螺丝	轴承座	车用轴承	自拴螺丝	轴承座
传统成本核算	437.55	132.99	1632.33	179.55	56.99	665.33
作业成本法	383.28	151.44	1719.23	125.28	75.44	752.23
成本差异率（%）	-12.40	13.87	5.32	-30.23	32.37	13.06

二　大数据时代对成本管理的影响

2008 年，“Nature” 出版的 “Big Data” 首次系统性介绍了大数据及其所蕴含的价值。而 2011 年 “Science” 出版的 “Dealing with Data” 则以更深层的角度将大数据带上了世界的舞台（朱东华，2013）。2013 年，俞立平（2013）首次创造性地提出了数据经济学的概念，认为数据经济学同样具有智能经济学的特点。秦荣生（2013）将大数据与会计审计实务相联系，以云计算风险应对为基点，深度解析了其对会计审计细节的影响。程平（2014）通过对云会计在中小企业、固定资产折旧、去库存化实施等方面的具体应用，说明了云会计改革的必要性。在2015年中国财会高峰论坛上，戴柏华（2015）就互联网新常态下的会计发展做出了重要的说明，再次提出了“互联网+”体系下财务领域改革的大势所趋。因此，可以说，大数据（Big Data）正在凭借其四点突出特性，而逐步走上了商业的舞台。一是全面性。大数据下，数据存储以P、E、Z为起点计量单位，内容上涵盖生活方方面面，如新闻推送、产品推销等，方式上囊括音频、视频、文字等多种形式。二是时效性。云平台拥有极高的转换速度，能够依据消费者的浏览记录等迅速匹配出最合适的产品和服务，进而快速提高成交率；而消费者可以在最短的时间内在网上找到所需的物品，减少机会成本。三是动态性。随着移动设备与传感设备的普及和便携，以用户为中心的操作和交易数据触手可得，数据灵活性因此大幅提升。四是危险性。云时代下，以科技为依托的信息平台使共享程度越发开放，直接影响信息安全性与信息可靠性。正是在这样多重的优势性能和热度背景下，大数据这种信息资源已开始逐渐成为盈利的新利器，也逐渐成为包括财会系统在内的各种传统经营模式改革的推动力量。

以精准性成本管控为例。企业生产越发自动化、科技化，传统成本分配已经不能满足时代要求，因此作业成本法应运而生。成本动因是指驱动成本发生的事项或作业。经过大量数据的筛选，企业将期间费用按发生动因分配入各项作业，再根据各项作业汇集的成本，按照相关的分配标准精准分配到各个产品上，形成产品成本。在早期的会计体系中，单纯依靠手工计算，后来虽然开始使用计算机信息系统，但一笔简单的领料业务单据都会给企业的储存空间、储存成本等造成极大的压力，并且传统数据库的永久不定制性及无扩展性均已无法满足现今财务管控的发展需求，其单一的结构化数据更是成为企业发展的阻碍。因此，随着云平台的数据建设，整个会计体系正在由传统账簿式到电子储存式再到数据系统或云。以零售巨头沃尔玛为例，其建立的大数据系统每小时要处理超过100万次的客户交易，存储数据量达到2560TB（许亚湖、王婷，2015）。云平台的影响还表现在：

（1）数据公开速度的调整。在以往的会计体系中，阶段性月度报告、终期年度报告是了解企业财务状况的主要途径，表现为按月定期计算产品成本。这种定时制的方法使得盈亏信息无法及时传递，也使得库存状况无法精准地反映在会计体系中。云平台的建设，使数据向实时报告转变，随时随地反映产品营销，把握产品生产状态，也极大地推动了去库存的发展，避免了价值损失。

（2）科技平台建设的加强。信息爆炸时代中，大量无用的数据信息正在席卷每一个行业，大幅度的数据贬值给销售市场的良性成长制造了难以估计的阻力，而网络数据的真实性更是有待考量。对财务成本而言，真实精准的成本信息是财务控制的首要要求，因此平台的滤网建设、数据的核查体系变得尤为重要。只有正确分辨数据信息，后期才能更加精准地处理成本等财务问题。

（3）各成本模块在线管理。在大数据平台下，各成本组成也逐渐由线下转为线上。首先，在采购环节，随着电商平台越发全面，运营商可直接在线对比供应商质量、价格，从而进行有效的价格磋商和实时交易，例如阿里巴巴旗下批发运营平台，可为中小规模企业提供几乎零成本的对比渠道。其次，在加工环节，数据平台实时监控生产进程，小到零件更换频率，大到固定资产、人员配备，整个企业的产业流程从购进到出售全部反映在成本数据中，能够避免因信息不对称而造成的成本飙升。并且在人事绩效管理中，只有将市场数据与真实的成本利润中心数据相比较才能更好地把握人工成本，提升生产效率。最后，在产品销售方面，网络的包容性为企业省去了异地宣传成本，避免了地理因素的限制，此外，根据喜好、性别、年龄等进行的数据匹配筛选为企业提供了直观的销售途径。

（4）成本盈利周期由短变长。不同于早期会计体系短期的限制，数据平台要求战略周期由短期拓展为长期。以京东为例，从其年报可知，自京东创建以来，连续亏损 7 年，若一味地依赖于短期信息，将直接威胁到后期以新兴手段为平台的科技产业。因此作为企业，避免前期成本风险、合理应对成本先高后低的走势、精准地预测后期或有事项等是整个平台建设的关键，只有将战略转为长期才能更加准确地把握市场整体走势，从而实现最终获利。

（5）差异化战略与成本领先战略相结合的混合战略。随着制造业比重的逐渐加大，根据数据筛选推送的特性化产品越发突出，因此单一的某项战略已经无法适应整个市场走势，在关注成本的同时以差异化为亮点吸引眼球的混合战略正在逐渐成为各家的首选。同时，通过数据共享与合作商开展模块化管理的战略也不失为一项好的选择。例如，宝钢、海尔、平安是国内较早实行财务共享的企业，三家企业在处理业务时首先对流程进行再造，其次再依据自身优劣势推行专业化分工，降低各自成本，提高完工效率（佘晓燕、王姮民，2015）。

三　典型企业的大数据运用案例

1. 阿里巴巴集团

阿里巴巴作为电商龙头企业，近年来运营改革力度非同一般。以成本管理流程为例，数年前，阿里巴巴固有的运营模式为被动搜索，即只有在顾客主动进行搜索后，该平台才能推送出相应的产品，并且平台上所售各类产品批量并无差异。显然，这样的运营模式过于被动，产业链也过于单一，给各合作商造成了大量产能成本浪费，甚至很大程度上限制了自身的交易率，不符合现今“供给侧改革”的基本要求。而现在，在大数据浪潮的影响下，其日均成千上万的网上交易量蕴含着各个产品在不同消费周期的行为数据，例如顾客感知、供应商信誉度、口碑反馈等。首先，阿里巴巴将海量反馈数据进行分析整理，从而呈现出不同业务在不同时间轴上会计数据的变化趋势以及消费者喜好趋势，进而进行内部数据共享，制定高精准、高定向的融资或运营策略，在提高成本效用率的同时快速占领较大市场，最终实现低成本下的高盈利。比如在生产成本方面，淘宝以消费者浏览记录为依托，在消费者每次收藏宝贝或下单后直接推送出与之相关的产品链供消费者选择，以提高附加值。在销售成本方面，阿里巴巴通过对消费者以往消费记录的定位，快速筛选出与之经济能力及品位相适应的产品，同时依据成交退货交易等方面的数据给予客户一定的贷款额度和分期付款优惠，即通过所谓的“芝麻信用”“蚂蚁花呗”提高成交率，降低坏账成本。因此，通过完整产业价值链管理以及层层的精细化管控方法，阿里巴巴及其合作商的主要产品及互补消费品的成交率达到70%以上，预测成本大幅降低。

阿里巴巴2016年第一季度及2016财年年报显示，2016年第一季度营业收入为241.84亿元，同比增长39%；净利润53.14亿元，同比增长85%。同时，在各期成本费用基本持平的情况下，各期成交额利润率逐年攀升，2016年第一季度，其总交易金额为7420亿元，较2015年第一季度增加1420亿元。而2015年第四季度费用虽然一度飙升，但不可否认其交易额及利润也同样大幅提升（Eastland，2016）（见图1、图2）。

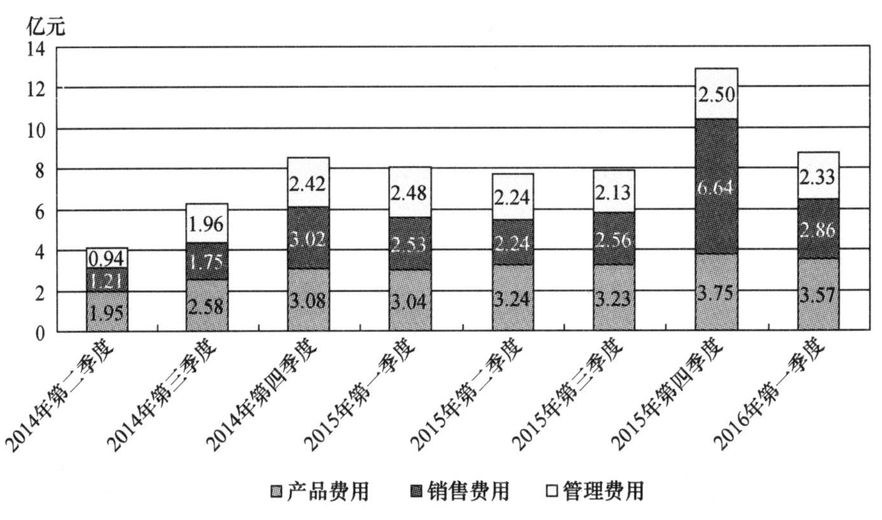

图1 2014—2016年各季度各项费用

因此，无论是通过产业流程还是研究数据，都证明了建立在高精准数据模式上的运营模式，能够在避免消费者时间浪费、吸引市场的同时，使得成本效率直线提升。

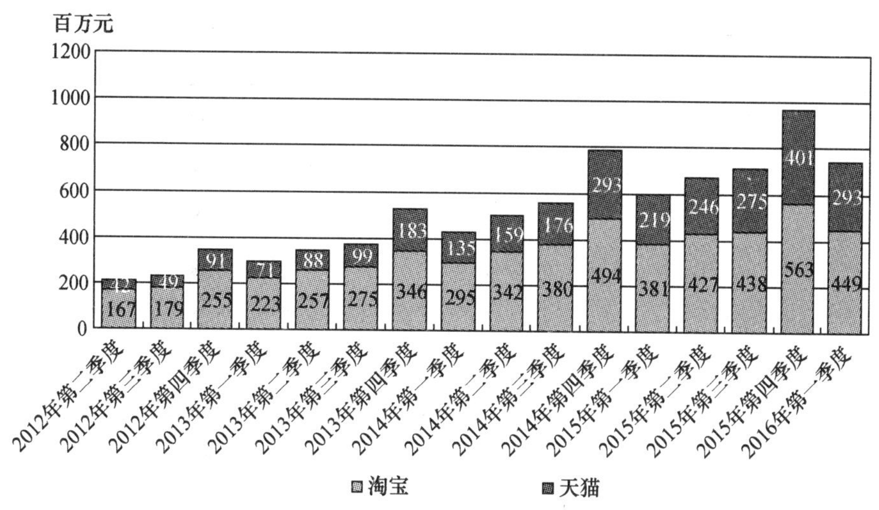

图 2　2012—2016 年各季度总交易金额

资料来源：虎嗅网，2016 年。

2. 格力电器集团

格力电器集团主张物联网状态下的体验式消费，将产品制造变得更加人性化，通过“软服务”大幅提升价值，凭借其大数据智能管理系统推出体验式消费空调。首先，在设计成本方面，格力采用精准库存的倒推模式，根据网络关键词搜索点击热度榜，发现与其主打产品“空调”联系最紧密的热搜词为“空调病”，因此该企业在互联网上收集了大量消费者的空调体验感受以及产品需求反馈，经过对质地、性能甚至颜色等若干方面的筛选搭配，从而推出了镂空式空调，即避免风湿的无扇叶空调，该空调可在镂空部分将冷空气与热空气充分混合，从而大大减少空调病的发生。其次，在采购成本方面，格力集团又打破模块限制，在线管理，实时对比监控，通过大数据货比三家，寻找性价比最高的供货商，开始打造个性化定制空调。而这种数据对比分析减少了公开招标的成本冗余性，使企业能够快速选择质优价良的原材料，从而在很大程度上增强了企业本身的议价能力，大幅降低机会成本（张咏梅，2014）。再次，在生产成本方面，格力以材料、人工等成本数据以及同期利润数据为依托打造“楼宇自动化控制系统”，将各个时期同类数据进行对比分析，优化产能结构，筛选最优配比，避免能耗。比如，以计件模式及计时模式的单件产品成本为基数，找出提高生产效率的方法，从而降低人工材料费用。并且，在储存成本方面，格力集团依然通过大数据，发现平均每位顾客的购买考虑时间为60小时，因此格力便在60小时内，针对顾客群进行宣传推送，最终，以接近零成本的仓储费用、批发费用完成交易，实现最佳订购批量的预测与总结。最后，在销售成本方面，大数据的出现使格力集团在进行运营合作商的销量、认可度等数据分析后，选择与苏宁及阿里智能等进行合作，共同打造智能生态圈，扩充市场份额。除此以外，格力还先后生产出了可被手机遥控的APP空调、专为儿童设计的卡通空调等。

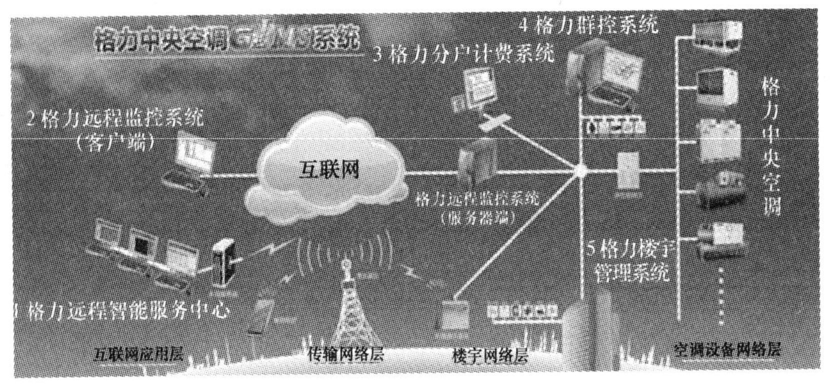

图3　格力GIM系统

资料来源：董明珠，2015年。

在整个产业流程中，格力集团放眼未来，将成本管控由短期逐渐扩展为长期，虽然在前期的体验消费和网络调研上增加了运营费用，但信息数据的利用直接以高效的成交率和超低的仓储率弥补了前期的利润损失。这在成本管控上，实际是价值工程和边际贡献工具的运用。因此，格力以最低的成本获取了最高的回报。格力集团2013年实现营业总收入1200.3亿元，营业总成本为1094.9亿元，营业总利润122.6亿元。而2014年营业总收入1400亿元，同比增长16.64%；营业总成本1232.6亿元，同比增长12.58%；营业总利润160.1亿元，同比增长30.59%。综上所述，大数据的应用节省了大量的人力、物力等资源成本，客户端的信息反馈直接降低了运营成本。

四　大数据下云会计在成本控制方面的风险与对策

1. 潜在风险

（1）云会计的应用能够实现无地点、无时间限制的弹性办公，在减少直接人工的同时大量减少因信息迟滞造成的损失，并且云会计的网络特性能够快速准确地与网络市场实现对接，把握购进及处理时机，规避企业非流动资产的大幅贬值；量化成本，动态控制，由成本反馈运营，为以后的财务管理和公司发展奠定了良好的基础；同时随着网络数据的普及，成本会越来越低。然而也必须看到，由于网络模式逐渐多元化，数据会越来越廉价；并且，日新月异的企业管控平台缩短了成本降低与效率提升的周期。例如，网红经济的到来，以几乎零成本的优势成为一种新型营业手段，为传统的经营模式增添了新的元素。近期红极一时的papi酱，首轮融资1200万元，身价估值3亿元。其实papi酱并非运用网红经济的第一人，早有调查发现，淘宝销售前十名中有6名是网红，但其排名极不稳定。

（2）信息风险上升。共享性是云会计最主要的特点之一，信息载体与受体的多元化使其在带来方便的同时也带来了一定的风险。尤其对于财务而言，数据的安全性尤为重要，数据外泄将直接威胁到公司的生存。比如，成本数据过度透明将直接危害到整个行业市场的竞争秩序与正常运营。因此，准确的身份信息核查以及安全操作技术成为重中之重。

2. 对策建议

（1）注重AIS平台建设。随着利润需求与预测精准度要求的提升，传统的会计体系已经不能满足现今的需要，因此大数据的全面性与海量性便格外受到青睐。AIS 是数据云平台建设的主要内容之一。根据 AIS，一方面企业可按需设立筛选目标，有效地进行内部数据获取和使用，例如建立供管理者适时使用的成本控制信息系统，不受时间和空间的限制。另一方面云平台在为各个合作商提供透明便捷交易途径的同时，也为事中的预算差异分析、控制和事后的激励、审计工作奠定了可靠的基础。并且，作为生产运营中的新宠，适时制、零库存对会计核算、成本控制又提出了更高的要求。因此，云会计的数据共享能够使得企业内部在对财务信息精准管控的基础上将成本降至最低。

（2）加强网络防御。云平台作为未来会计模式的主要网络运行平台，无论是账套处理系统还是数据网盘，其安全性能都尤为重要，必须在保证防火墙稳固可靠的基础上，才能就成本会计模式的发展做出进一步的讨论。其中，网络操作人员的身份认定以及技术水平鉴定应置于首位，否则单一的动态口令等核查模式将会留下莫大的安全隐患。

（3）出台相关鼓励与制约政策法规。大数据作为改变社会进程的主要因素之一，其对信息披露的影响不言而喻，尤其对成本管控而言，企业 ERP 系统中过剩和闲置的功能必将被充分运用，数据的安全性尤为重要。因此，政府作为宏观经济调控人，应严格把握各项行为准则，出台相应的法律法规，进而在规范整个数据环境、市场秩序的同时，为新型会计模式的建立奠定良好的基础。

参考文献

[1] 阿里官网·财务数据，http：//alibabagroup. com/cn/ir/financial_fullyear，2016 年。

[2] 程平、徐云云：《大数据时代基于云会计的 AIS 构建研究》，《会计之友》2014 年第 36 期。

[3] 戴柏华：《适应新常态融合促发展积极推进“互联网 +”下的会计改革与发展》，中国财会高峰论坛，2015 年。

［4］刘勤、常叶青、刘梅玲、吕洪雁：《大智移云时代的会计信息化变革——第十三届全国会计信息化学术年会主要观点综述》，《会计研究》2014 年第 2 期。

［5］刘艳双：《传统成本法与作业成本法应用比较——以 × × 机械加工企业为例》，《财会通讯》2010 年第 34 期。

［6］彭超然：《大数据时代下会计信息化的风险因素及防范措施》，《财政研究》2014 年第 4 期。

［7］秦荣生：《云计算的发展及其对会计、审计的挑战》，《当代财经》2013 年第 1 期。

［8］沈弋、徐光华、王正艳：《“言行一致”的企业社会责任信息披露——大数据环境下的演化框架》，《会计研究》2014 年第 9 期。

［9］王姮民、佘晓燕：《大数据时代“会计工厂”的构建》，《会计之友》2015 年第 3 期。

［10］王简：《传统成本管理面临的挑战——现代企业的战略成本管理》，《北京工商大学学报》2002 年第 2 期。

［11］王晓丽：《论研发的成本管理》，硕士学位论文，河北大学，2011 年。

［12］许亚湖、王婷：《大数据时代管理会计的变革》，《财会通讯》2015 年第 16 期。

［13］俞立平：《数据与大数据经济学》，《中国软科学》2013 年第 7 期。

［14］朱东华、张嶷、汪雪锋、李兵、黄颖、马晶、许幸荣、杨超、朱福进：《大数据环境下技术创新管理方法研究》，《科学学与科学技术管理》2013 年第 4 期。

［15］张咏梅、穆文娟：《“大数据”对企业成本控制的影响》，《财会月刊》2014 年第 12 期。

降成本的金融支持政策

王振霞　中国社科院财经战略研究院

一　问题提出和文献综述

“降成本”是中央经济工作会议提出的“三去一降一补”任务之一，是供给侧结构性改革的重要内容。企业成本特别是制造业成本高企是导致企业负担沉重、缺乏经营活力和转型动力的重要原因，也是近年来学术研究关注的重点内容之一。

当前的研究主要集中在三个方面：一是企业的成本构成和成本水平；二是中国企业高成本的主要原因；三是企业降成本的主要途径和策略。从成本构成看，企业成本主要包括八个方面，即制度性交易成本、用工成本、税费成本、资金成本、能源原材料成本、物流成本、土地成本和汇率成本；从国际比较来看，中国企业这八项成本水平不仅高于主要的发达国家，甚至在某种程度上也高于新兴的发展中国家①。研究发现，中国经济增长特点决定了：未来劳动力用工成本仍会缓慢增加，资源要素成本下降空间较小，制造业税负总体水平可以合理降低，物流成本有一定的下降空间，制度性交易成本有较大下降

①　牛犁、陈彬：《中国制造业成本国际比较及降成本六大建议——“三去一降一补”系列分析之一》，《中国证券报》2016 年 2 月 29 日。

空间，融资成本尚有明显的下降空间①。据此，研究企业资金成本水平、高成本原因和解决方案在当前具有重要的现实意义。

近年来，企业资金成本的不断上涨引发普遍关注。出于保障经济增长的需要，近年来国内货币政策持续保持较为宽松的态势，在宽松环境下，企业的融资成本却不断上涨，有悖经济学基本原理。据调查，国内部分中小企业综合融资成本接近年息的20%，利率要按基准利率上浮30%以上②。研究认为③，银行的加成率过高、银行风险溢价上升（特别是对中小企业和民营企业）、房地产和地方融资平台占用大量资金、银行信贷规模的管制、可贷资金缺乏弹性、利率改革导致市场利率高于管制利率以及直接融资渠道过窄等因素，是导致中国企业的融资成本较高的重要原因。所以，从解决方案看，仅依靠宽松的货币政策不能解决融资成本过高的问题，需要推行包括金融系统的市场化改革、利率市场化改革、鼓励创新以及转变货币政策目标等在内的一系列改革。

二　企业融资成本高企的原因分析

当前中国企业高融资成本已经成为制约企业竞争力提升的重要原因，是推行创新驱动战略的重要阻碍，是当前必须要解决的主要问题之一。值得关注的是，企业高融资成本问题非常复杂，需要判断目前企业的真实融资成本水平，信贷流向和传导渠道等存在的问题，才能提出解决问题的政策建议。

（一）贷款利率水平的不断下降没有明显减轻企业的融资成本

2008年金融危机之后，为了支持经济增长，中国人民银行适时出台各类宽松政策，为实体经济领域提供金融支持。仅2015年，为实

---

① 国家发展和改革委员会产业经济与技术经济研究所课题组：《降低我国制造业成本的关键点和难点研究》，《经济纵横》2016年第4期。

② 冯严超：《中国经济“降成本”研究》，《当代经济》2016年第8期。

③ 余永定：《中国企业融资成本为何高企?》，《国际经济评论》2014年第6期。

现保增长要求，中国人民银行就先后五次降息、五次降准，一年期定期存款基准利率下降至 1.5%，1—3 年中长期贷款基准利率下降至 4.75%。到 2016 年，中国人民银行运用逆回购、MLF、PSL 等货币政策工具，更为灵活地提供长期、中期和短期的流动性，继续保持流动性的合理充裕。在宽松货币政策的导向下，国内的贷款基准利率和民间贷款利率均出现下行趋势（见图 1）。

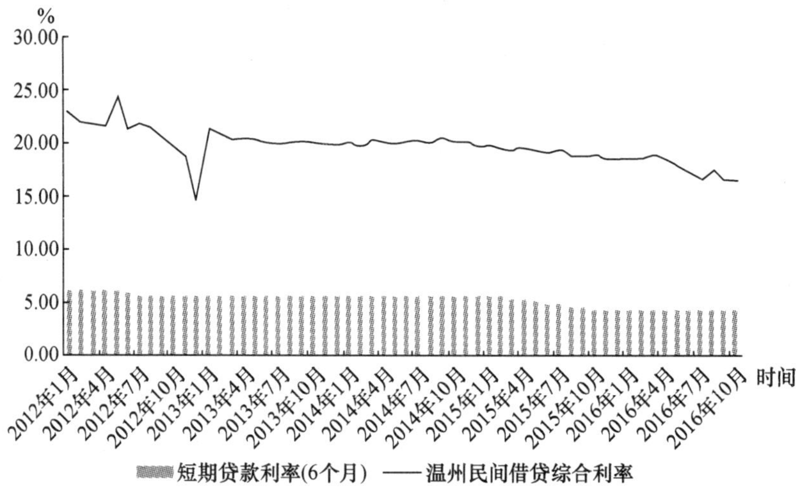

图 1　2012 年 1 月至 2016 年 10 月国内短期贷款利率和民间利率走势

资料来源：万德数据库（Wind）。

从国际横向比较来看，中国目前的利率水平虽然高于日本、美国等发达国家，但是显著低于巴西、俄罗斯（见表 1）。2015 年之后，中国内地贷款利率已经低于中国香港地区。这说明当前的利率水平基本符合经济增长的要求。

但是，从宽松政策的实施效果看，普遍认为实体经济并没有切实感受到利率水平下降带来的融资成本降低，即利率对实体经济的传导效果并不明显。从表 2 可以看出，2010 年以来，虽然国内的官方和民间利率均出现不同程度的下降，但是无论是集体企业、国有企业还是私营企业，其融资成本并没有出现相应的下降，私营企业的财务费用占利润总额的比重还有上升的趋势。

表 1　　世界主要国家和地区贷款利率变化情况　　单位：%

年份	2005	2006	2007	2008	2009	2010	2011	2012	2013	2014	2015
中国	5.58	6.12	7.47	5.31	5.31	5.81	6.56	6	6	5.6	4.35
英国	4.65	4.64	5.51	4.68	0.64	0.5	0.5	0.5	0.5	0.5	
中国香港	7.75	7.75	6.75	5	5	5	5	5	5	5	5
日本	1.68	1.66	1.88	1.91	1.72	1.6	1.5	1.41	1.3	1.22	
韩国	5.59	5.99	6.55	7.17	5.65	5.51	5.76	5.4	4.64	4.26	3.53
美国	6.19	7.96	8.05	5.09	3.25	3.25	3.25	3.25	3.25	3.25	3.26
巴西	55.38	50.81	43.72	47.25	44.65	39.99	43.88	36.64	27.39	32.01	43.96
俄罗斯	10.68	10.43	10.03	12.23	15.31	10.82	8.46	9.1	9.47	11.14	15.72

资料来源：世界银行数据库。

表 2　　各类企业财务费用占利润总额的比重　　单位：%

年份	集体企业	国有企业	私营企业	其他企业
2010	6.47	27.81	10.17	10.71
2011	7.26	33.77	11.16	11.10
2012	6.69	39.70	12.77	12.64
2013	4.94	19.05	14.21	3.41
2014	8.09	26.03	13.50	13.96
2015	6.97	23.79	15.27	10.01

注：根据万德数据库公布数据计算整理，2015 年为推算值。

利率下降没有相应地降低企业融资成本可能有两个原因：一是虽然名义利率水平在下降，但是经过价格调整后的实际利率水平依然较高，特别是经过 PPI 调整后的实际利率水平之高，让企业无法承受；二是由于不良贷款比重有所上升，银行有惜贷的情绪。

使用价格指标平减名义利率需要关注一个问题，即价格指标编制结构的合理性问题。目前，无论是 CPI 还是 PPI，都存在单一产品在价格指数中占比较高的问题，特别是 PPI 构成中，资源能源以及矿产冶炼行业价格占比较高，近年来这些行业价格的下行主要是国际大宗商品价格走低和去产能、去库存的结果。此时采取 PPI 数据计算实际利率则可能出现高估的问题，据此采用更加宽松的货币政策，只是短期有效，长期将可能导致价格总体水平下降更多，加深危机。

值得关注的是，2014 年以来，由于各类银行不良贷款比例有所上升，银行确实有明显的惜贷情绪，这也是企业融资成本没有下降的重要原因。但是，2014 年以来银行的惜贷在一定程度上是针对产能过剩的煤炭、钢铁等企业。实际上，这个趋势符合转变经济增长方式的内在要求，从长期看将有助于解决传统产能过剩行业占用过多信贷资源的问题，有利于经济结构的转变和优化。

（二）传统产能过剩行业占用大量的信贷资源

长期以来，产能过剩行业占用大量的信贷资源，阻碍资金向新兴制造业等领域流动。由于大量的过剩产能集中在上游的重化工业，其去产能和去债务过程将较为缓慢。如果去产能没有更强有力的手段，过剩产业对信贷资源的长期占用几乎是必然的[①]。

实际上，传统制造业、建筑业等融资是银行不良贷款的重要来源。与新兴制造业和个人贷款相比，传统产能过剩行业经营状况更加不稳定，是银行信贷安全的隐患（见表 3）。但是，由于部分产能过剩行业特别是从事传统制造业的国有企业，承担吸收就业和上缴税费的职能，地方政府倾向于鼓励银行持续地为这类企业提供资金支持，导致企业缺乏利率弹性，对利率波动不敏感，且长期占用大量信贷资源，同时也拉高了全社会融资成本。

所以，2014 年之后，银行对产能过剩行业的惜贷，在一定程度上是解决这个问题的重要途径。这类企业的融资成本上升是去产能、去库存政策的深化。在解决这类企业融资问题时，应保持清醒的认识，区别对待。

---

① 巴曙松、牛播坤：《新常态背景下降低融资成本的策略研究》，《经济纵横》2015 年第 1 期。

表3　　商业银行不良贷款率对比　　单位:%

年份	农、林、牧、渔业	制造业	建筑业	批发和零售业	住宿和餐饮业	个人贷款
2005	46.33	11.93	5.24	20.45	24.94	3.92
2006	46.09	10.40	4.27	17.30	19.55	3.39
2007	47.10	8.89	3.35	13.92	16.11	2.77
2008	7.50	3.30	1.71	4.08	7.70	1.29
2009	4.52	2.58	1.32	2.71	4.82	0.92
2010	3.15	1.87	0.77	1.56	3.01	0.58
2011	2.35	1.54	0.66	1.16	2.56	0.50
2012	2.35	1.60	0.57	1.61	1.89	0.49
2013	2.27	1.79	0.50	2.16	1.27	0.53
2014	2.64	2.42	0.72	3.05	1.47	0.62
2015	3.54	3.35	1.39	4.25	2.26	0.79

资料来源：万德数据库（Wind）。

（三）融资渠道、抵押制度等不健全导致企业融资难度较高

与上述问题相比，当前国内企业融资难等问题的关键，是金融制度导致企业存在融资障碍，这是企业特别是民营企业或者中小企业融资难、融资贵的重要原因。国内企业主要以银行间接融资为主，尚没有建立多层次资本市场。对于中小企业和民营企业而言，由于缺乏有效的抵押担保，银行对其支持的力度有限（见表4）。特别是，在经济下行周期，出于规避风险和保障安全的需要，银行会经常对中小企业和民营企业实施惜贷和抽贷。

由于缺乏正规金融机构的资金支持，民营和中小企业不得不选择信托公司、P2P和互联网金融等民间借贷体系，甚至选择非法集资或者民间高利贷。当前的影子银行体系乃至民间借贷体系的真实贷款利率高达20%以上，这会加剧中国制造业自身盈利能力与高融资成本的不对称现象，进一步弱化中国制造业的出口竞争优势和转型升级能力的培育①。

① 张杰、宋志刚：《供给侧结构性改革中“降成本”的战略内涵与具体途径》，《经济体制改革》2016年第5期。

表 4　　国内主要银行对小微企业贷款支持情况　　单位：亿元,%

	2016 年第一季度	2016 年第二季度	2016 年第三季度
对小微企业贷款总额	242962	249509	256399
银行业总资产	2085578	2179996	2229156
占比	11.65	11.45	11.50
商业银行对小微企业贷款	183607	188682	194807
商业银行总资产	1621483	1696135	1736762
占比	11.32	11.12	11.22
国有商业银行对小微企业贷款	62199	63668	65040
国有商业银行总资产	805071	833956	843454
占比	7.73	7.63	7.71
股份制商业银行对小微企业贷款	37951	36672	37541
股份制商业银行总资产	385641	403826	412223
占比	9.84	9.08	9.11
城市商业银行对小微企业贷款	39383	41611	43070
城市商业银行总资产	238196	251982	262800
占比	16.53	16.51	16.39
农村商业银行对小微企业贷款	42145	44677	47121
农村商业银行总资产	272263	283274	290832
占比	15.48	15.77	16.20
外资银行对小微企业贷款	1839	1934	1903

资料来源：根据银监会网站公布数据计算而得。

（四）资产价格与实体经济走势不一致导致货币政策两难选择

房地产市场价格快速上涨也是企业高成本的重要推动因素。房地产市场价格高涨一方面拉高企业的租金成本，另一方面也导致中央银行制定货币政策时面临两难的选择，影响金融支持实体经济发展的力度。特别是，当前全球经济都面临着实体经济营利性下降的问题，由于实体经济自身盈利率下降，导致企业不愿将资金投入到生产中，而是转而持有金融资产。这就进一步导致商品价格和资产价格走势的背离，增加货币政策制定的难度。

在资产价格和实体经济走势出现背离的情况下，进一步实施宽松政策可能会将企业和地方政府部门的高杠杆向个人和非银行金融机构传导，酝酿危机。2016 年 6 月末，人民币各项贷款余额约为 101.5 万亿元，同比增长 14.3%。从人民币贷款部门分布看，住户贷款增长较快（见表5），尤其是个人住房贷款增长进一步加快。此外，非银行金融机构贷款有明显增加的趋势。虽然，当前国内个人部门的杠杆率不高，且个人贷款的坏账率较低，但是次贷危机也充分显示了个人和家庭部门加杠杆可能导致的极大危险，值得警惕。此外，在经历 2014—2015 年股市剧烈波动之后，对非银行金融机构加杠杆也需要给予重视。

表 5　　2016 年上半年人民币贷款结构　　单位：亿元，%

	6 月末余额	同比增速	当年新增额	同比多增额
人民币各项贷款	1014859	14.3	75316	9671
住户贷款	299767	19.4	29459	9921
非金融企业及机关团体贷款	702833	11.6	45295	-937
非银行金融机构贷款	8785	103.0	246	691
境外贷款	3474	38.9	316	-4

资料来源：中国人民银行：《中国货币政策执行报告（2016 年第二季度）》2016 年 8 月。

三　支持企业降成本的金融政策方向

本文认为，国内企业融资成本较高更多的是结构性的问题。由于实施宽松货币政策，国内官方贷款利率水平不断降低，但是信贷流向依然集中在传统制造业和房地产行业，很难进入新兴产业、民营企业和中小企业，导致金融资金流向与经济潜在增长点不一致。为此，支持企业降成本的金融政策应从以下几个方面入手：

第一，在保持适度流动性的同时，扭转银行的风险偏好和信贷投放方向。现阶段，应保持适度宽松政策基调，为经济发展提供适度流动性，保障货币信贷和社会融资规模的合理增长。同时，重视对不同经济体实施差别化的政策，重点是扭转银行的风险偏好，清理银行的资产负债表，进一步加大对新兴产业、民生事业、战略性基础设施建设、大众创业定向金融扶持，切实降低资质优良的民营企业和中小微企业的融资成本。

第二，改革相关抵押制度，鼓励信贷资金进入中小企业和民营企业。在面临信息不对称等问题时，要求提供完善的抵押担保是金融机构维护安全的重要举措。但是，如果企业可以提供完整的财务信息，那么金融机构就不应对不同性质的企业实行差别待遇。对于正处于起步阶段且未来前景良好的中小企业和民营企业，金融机构应主动开发不同形式的担保、联保方式，在特殊情况下，应允许地方政府作为担保人，以满足不同性质企业的融资需求。

第三，鼓励企业之间的资金融通，形成互惠互利的经营方式。当前传统制造业、房地产行业和国有企业在资金融通方面障碍较少，但是这些行业缺乏持续的盈利能力。特别是资源能源、矿产等企业，其经营会导致生态环境污染等问题，不符合未来经济发展的方向。对于部分民营企业和中小企业而言，其经营前景较好，符合经济发展方向，但是存在融资难、融资贵的问题。这两类企业之间的合作，是解决双方存在问题的重要途径。如在节能减排的要求下，鼓励国有能源、化工行业与从事生态修复或节能环保的民营企业之间投资和控股，将非常有利于企业和国家经济的良性发展。

2016 年，发改委办公厅发布《关于切实做好全国碳排放权交易市场启动重点工作的通知》，通知提出，确保 2017 年启动全国碳排放权交易，实施碳排放权交易制度。第一阶段将涵盖石化、化工、建材、钢铁、有色、造纸、电力、航空等重点排放行业，参与主体初步考虑为业务涉及上述重点行业，其 2013 年至 2015 年中任意一年综合能源消费总量达到 1 万吨标准煤以上（含）的企业法人单位或独立核算企业单位。借助碳排放交易契机，国有大型能源资源、化工企业应寻求与节能减排、生态修复民营和中小企业之间的经济合作，实现双赢。

第四，借鉴国际经验，建立专门服务中小企业和民营企业的政策性金融机构。虽然国家开发银行、中国农业发展银行等政策性金融机构也为中小企业和民营企业的经营提供大量的资金支持，但是对于庞大的中小企业群体而言，其支持力度并不够大。同时，除了资金支持之外，中小企业和民营企业还面临着企业经营企划、创新研发指导、市场开拓等需求，需要专门的金融机构给予支撑。以美国、德国和日本为例，其国内均建立专门服务中小企业的机构。如美国建立中小企业局，专门为中小企业创业者提供经营资金和风险资金支持，或者为企业提供抵押贷款担保。在此基础上，美国中小企业局会根据企业发展需求，提供相关的税收保障措施和完善的企业营销管理政策。德国复兴银行重点业务也是鼓励中小企业发展，不仅提供相应的资金保障，还建立专门的政策鼓励中小企业进行国际贸易。日本中小企业金融公库是中小企业获得资金的重要来源，也是日本企业高速创新的重要支撑。从发达国家经验来看，为了兼顾金融安全和鼓励中小企业发展，政策性金融机构的主要业务不是直接提供资金，而是为中小企业贷款提供担保。如日本中小企业金融公库60%—70%的资金用于提供再担保业务。

第五，逐步考虑将资产价格走势纳入货币政策衡量目标中。未来宏观政策研究的重点内容之一，应是在资产价格上涨速度过快，出现资产价格与实体经济价格走势背离的条件下，货币政策的导向问题。一般认为，中央银行应以“盯住通货膨胀率”作为单一的货币政策目标。但是随着资产市场价格剧烈波动带来国家经济危机的爆发，研究者呼吁将资产价格纳入货币政策框架中。一方面，资产市场价格波动对实体经济具有重要影响，不能忽视；另一方面，资产价格走势蕴含的信息也有助于提前预知实体经济层面变化。

持支持在货币政策中纳入资产价格意见的观点认为，随着技术进步，生活用品和生产资料替代率不断提高，消费品需求价格弹性越来越大，部分价格上涨将不能导致物价总水平快速上涨。虽然劳动力成本变动等因素将推动长期价格上涨，但是不会造成短期价格波动。作为替代弹性较小的初级产品，如食品、能源，其价格波动将导致物价总水平指标呈现结构性波动。无论诸如 CPI 等物价总水平指数波动是“整体性”的，还是“结构性”的，都与资产价格波动有关。其传导途径包括：一是对资产价格事后修正，导致货币供给量以及利率等货币政策工具的变化，从而影响实体经济；二是资产价格波动导致货币流动推高初级产品价格；三是资产价格剧烈波动导致经济增长速度放慢，以及币值变化对价格总水平产生影响等。

但是，也有持反对意见的观点，认为资产价格与消费品价格不同，是很难通过真实供求予以判断的。资产价格来源于市场投资和投机的需求，对预期的难以把握使得中央银行不能准确判断资产价格走势，也不能较好地预防和调控。此外，现有中央银行货币政策工具只能改变短期利率形成，无法决定像房屋贷款等长期利率形成的过程。这就说明，即使中央银行有管理资产价格的意愿，也缺乏相应的方法。

无论争论结果如何，从实际操作层面看，资产价格确实对货币政策制定具有重要的影响，从而也影响价格总水平走势。特别是在工业、消费领域通货紧缩压力加大，而资产市场价格高涨时期，货币政策面临更加明显的两难选择。如果过剩产业和资产价格均出现萎缩，那么量化宽松的货币政策就是唯一的选择。但是，目前中国尚没有出现资产市场价格萎缩。在这种情况下，无论是数量化的货币政策工具，还是价格型的货币政策工具，都有可能在挽救通货紧缩的同时，推高资产泡沫。

2014 年以来，历年中央重要会议对货币政策的表述基本是“注意疏通货币政策向实体经济的传导渠道”。2016 年 7 月，政治局会议提到：降成本的重点是增加劳动力市场灵活性、抑制资产泡沫和降低宏观税负。2016 年 10 月 28 日中央政治局会议提出，“要坚持稳健的货币政策，在保持流动性合理充裕的同时，注意抑制资产泡沫和防范金融风险”。这说明抑制资产市场泡沫已经从降成本的需要转向货币政策导向。

参考文献

[1] 牛犁、陈彬:《中国制造业成本国际比较及降成本六大建议——“三去一降一补”系列分析之一》,《中国证券报》2016 年 2 月 29 日。

[2] 国家发展和改革委员会产业经济与技术经济研究所课题组:《降低我国制造业成本的关键点和难点研究》,《经济纵横》2016 年第 4 期。

[3] 冯严超:《中国经济“降成本”研究》,《当代经济》2016 年第 8 期。

[4] 余永定:《中国企业融资成本为何高企?》,《国际经济评论》2014 年第 6 期。

[5] 巴曙松、牛播坤:《新常态背景下降低融资成本的策略研究》,《经济纵横》2015 年第 1 期。

[6] 张杰、宋志刚:《供给侧结构性改革中“降成本”的战略内涵与具体途径》,《经济体制改革》2016 年第 5 期。

西部地区“降成本”调研报告

中国财政科学研究院“降成本”课题组赴西部地区调研组

一　基本情况

本次调研选取宁夏、陕西、重庆三省（市、区），其经济发展模式、产业结构布局、财税收支、企业运行情况各具特点，面临的“降成本”压力各有不同，在西部12省（市、区）[①] 中具有代表性。其中，宁夏经济总量较小，传统产业比重较大；陕西是中国西北经济总量第一的重要省份，既是传统能源化工行业、装备制造业基地，又是航空高端制造业、现代装备制造业基地；重庆是近年来西部乃至全国工业发展、经济结构调整中取得突出成效的典型代表。从GDP总量来看，2015年，在全国31个省（市、区）中，陕西排名第15位，重庆排名第20位，宁夏排名第29位。从GDP增速来看，2015年，重庆GDP同比增长11%，居全国首位；陕西和宁夏同比增长均为8%左右，也高于全国平均水平。

（一）宁夏经济社会发展和企业运行情况

宁夏整体经济向好，但低位运行态势明显，其经济发展具有民族地区区域特色，粗放式工业发展色彩浓厚。

（1）经济低位运行但呈现向好趋势。受经济周期因素影响，宁夏

---

① 中国西部12省（市、区）包括甘肃、广西、贵州、内蒙古、宁夏、青海、陕西、四川、西藏、新疆、云南和重庆。

经济低位运行态势明显，但 2016 年第一季度呈现经济企稳运行向好的总体态势，完成地区生产总值 508.1 亿元，增长 6.9%，比全国平均水平高 0.2 个百分点，近三年来第一季度经济增速首次高于全国。

（2）财政收入受经济影响冲击较大。“十二五”期间，宁夏财政收入呈现总量扩大、结构优化等特点，同时地方财政收入逐年增长，服务地方经济力度增大。但 2014 年后税收收入与经济增速保持了同步回落态势，进入低速增长区间。受工业产业结构调整、节能降耗、产能过剩、工业品持续量价齐跌等因素的影响，宁夏以传统产业为主的工业经济增长模式受到严重冲击，而新兴产业刚刚起步，对传统产业产能下降起不到及时弥补经济下滑和拉动税收增长的即时效应。之前工业税收在连续两年增长后，2016 年第一季度下降 2.6%；其中煤炭资源税同比下降 36.7%，减收 8500 万元。从金融业税收看，由于利润大幅下滑、不良贷款率持续上升、连年高增长致基数增大，第一季度金融业税收 7.5 亿元，同比下降 6%。

（3）产业结构调整压力大。宁夏自然资源储备丰富，形成了以煤炭、电力、石化等为支撑，较为健全的工业体系。其产业结构不合理，“高投入、高能耗、高污染、低附加”特征明显，使得其在当前经济形势下面临更大的压力。2015 年，宁夏重工业比重达到 85.6%，六大高耗能工业产出占工业的 56.4%，而能源消费量占工业的 78.2%。相关产业严重过剩，煤炭、电力、冶金、有色、建材等高耗能行业开工不足，停产面广。煤炭行业库存高，减产严重；电力行业在差别电价和直接交易电量让利、国家连续两次下调上网电价和外送电大幅下降情况下，增幅仍在大幅下降。宁夏经济转型缓慢，新兴业态发展相对滞后，而且缺乏与新兴业态密切关联的人才创新环境。科技创新人才、信息技术人才、企业经营管理人才匮乏。

（4）企业运行成本高、盈利能力低。企业盈利能力低、亏损面大是当前最为突出的问题。被调研企业无一例外地反映面临企业成本高、利润率下降、发展困难等压力。2014 年宁夏规模以上工业企业每百元主营业务收入中的成本为 85.7 元；主营业务收入利润率为 3.0%，低于全国平均水平。总体来看，冶金、有色、机械制造、轻纺行业制造成本占比较高，占总成本的90%以上。2016年1—2月，宁夏规模以上工业企业停产283户，亏损企业户数同比增长9.3%，企业利润整体下降，利润总额净亏损1.1亿元。资源型产业产品价格持续低迷，生产越多亏损越多，部分企业甚至出现了产销倒挂。

从宁夏企业成本构成中三项费用的变化情况看，财务费用不断增加且增长幅度最大。宁夏企业的融资渠道单一，对银行依赖度大。金融机构惜贷，部分银行“只收不贷”或“多收少贷”，或提高门槛增设条件。一些争取到国家和自治区基金支持的企业和项目，因达不到担保公司和银行设置的条件，难以落实。据初步统计，截至2016年4月底，资金紧缺的企业和项目，资金需求量达180亿元。

（二）陕西经济社会发展和企业运行情况

陕西是中国西北经济总量第一的重要省份和西北内陆重要的装备制造业基地、航空高端制造业基地。受经济下行因素等影响，陕西能源及非能源行业税收减收严重，中央、地方级收入减收。煤炭、石油、石化、冶金等支柱性行业亏损严重，债务负担沉重。

（1）经济发展缓中趋稳，位列中等发达省份行列。2015年陕西规模以上工业企业数量位居西北第一，经济总量居全国第15位。2016年第一季度GDP同比增长7.6%，固定资产投资增长11.8%，规模以上工业增加值增长7.7%，总体呈现缓中趋稳、稳中向好发展态势。

（2）税收收入减收严重，下滑态势明显。多税种减收严重，税收收入负增长。2015年除个人所得税、资源税、房产税、车船税外，企业所得税、土地增值税、契税、耕地占用税、城建税5个税种和教育费附加都减收过亿元。2016年第一季度中央级、地方级收入全部出现减收，同比分别下降15.7%和10%，地方级收入降幅低于中央级。14个市级单位中，六增八降。税收收入持续下滑，2016年前三个月国税月度收入增速分别为-0.9%、-21.1%、-27.5%，呈持续下滑并逐渐扩大态势。

（3）结构调整成效显现，但压力依然不小。近年来，陕西积极调整产业结构，成效开始显现。2016年第一季度，陕西制造业、非能源工业、高新技术产业增加值的增速都高于规模以上工业增加值的增速。非能源工业增加值增速高出能源工业8.5个百分点；高技术产业增加值增长24.4%，1—2月利润总额增长146.8%，主营业务收入利润率同比提高4.3个百分点；服务业升级速度加快，服务业增加值增长8.4%，同比提高0.2个百分点，占比提高6.8个百分点；电子商务交易额继续保持40%以上的增速。

高技术产业等新增长点虽然增长较快，但占比总体偏小，工业增长仍以传统采矿和高耗能行业为主，传统产业回落、亏损严重，转型压力依然不小。去产能使得转岗人员进一步增加，稳就业工作压力较大。

（4）传统支柱性行业亏损严重，企业运行高度依赖借款。陕西传统支柱性行业大面积亏损。130户煤炭工业企业、100户冶金工业企业和133户交通运输企业2015年年末从业人员分别为10.05万人、4.92万人和8.68万人，而利润总额分别为-46.58亿元、-6亿元、-4.65亿元，行业平均资产负债率分别为70.35%、77.76%、70.84%。55户石油石化企业2015年年末从业人员8.24万人，利润总额-18.08亿元。

陕西经济贡献较大的行业中，多数行业收益率极低。2015年工业平均净资产收益率为-3.88%，大部分重点工业资产收益率低于一年期银行存款利率（见表1）。

表1　2015年陕西相关行业资产收益率与一年期银行存款利率比较

单位:%

行业	资产收益率	行业	资产收益率
电力工业	18.23	交通运输业	-0.53
医药工业	17.78	冶金工业	-6.85
军工工业	6.07	石油和石化工业	-7.6
机械工业	2.04	纺织工业	-9.98
一年期银行存款利率	1.5	煤炭工业	-15.45
化学工业	-0.06	电子工业	-53.21

资料来源：根据调研材料整理。

目前陕西企业现金流高度依赖借款，偿债压力大，企业处于不断借新还旧的循环中，无力通过投资、经营活动偿付债务、维持运转。例如，陕西国有企业经营活动产生的现金净流入2015年仅为13.14亿元，投资活动现金净流出1455.38亿元，经营活动现金流仅能勉强维持正常经营，不能为企业投资活动提供现金支持。

（三）重庆经济社会发展和企业运行情况

重庆近几年的经济发展速度在全国靠前，产业结构定位清晰，落后产能的调整较早，配套改革（如户籍制度、地票改革、政府产业基金等）先行先试，投资铁路、机场等，改善交通，为发展新兴产业提供便利条件。这些措施为重庆在结构调整过程中赢得了主动和先机。

（1）经济发展全国领先。2015年，重庆规模以上工业总产值达到21404.7亿元，同比增长12.4%。投资平稳增长，全社会固定资产投资增速17.1%，投资结构保持工商产业、基础设施、房地产投资4∶3∶3的结构，基础设施投资增长28.6%；工业投资增长19.8%，六大高耗能行业投资占比下降近5个百分点。规模以上工业增加值增长10.8%，高于全国平均水平近5个百分点。工业企业效益持续向好，规模以上工业企业利润增速保持在20%左右。2015年和2016年第一季度经济增长分别达到11%、10.6%，位列全国第一。

重庆的发展得益于科学谋划，提前转型。近年来，重庆积极开展产业转型，推进经济结构转型升级，加快转换发展动力，培育汽车、电子信息、装备制造、消费品制造等支柱产业发展壮大，战略性新兴产业蓬勃发展。重庆结合全国统筹城乡综合配套改革试验区建设，扩展了城市建设用地规模，稳定住房成本，提升了重庆与北上广深等地争夺高端人才的吸引力。同时，重庆加快推进简政放权，取消63项、下放670项市级行政权力，转变政府职能，支持发展中介服务业，清理规范中介服务，效果明显。

（2）财政发展保持良好势头。2015年，重庆一般公共预算收入完成2155.1亿元，同比增长12.1%，其中，税收收入1450.9亿元，增长13.2%。一般公共预算支出3793.8亿元，同比增长14.8%，其中，文体与传媒、医疗卫生与计生、教育支出增长较快，分别增长

28.6%、27.8%和13.9%。

（3）产业发展定位清晰。重庆产业发展定位清晰，推动产业结构持续优化，已基本形成以终端制造为特色的电子信息产业集群和国内最大汽车产业集群，着力打造电子信息产业集群，在机器人及智能装备、物联网、页岩气、节能环保等新兴产业上加大投资和布局。2015年，重庆在汽车制造业和电子制造业保持快速增长的同时，符合消费升级要求的高端智能高技术产业产量也保持了较快增长。

从主要行业看，2015年重庆规模以上工业39个行业大类中36个保持了增长，占92.3%。服务贸易也快速发展，重庆加快推进云计算大数据产业和跨境交易结算，积极融入全球价值链，2015年前三季度，重庆在总体贸易下降的情况下，一般贸易实现了43%的增速，逐渐降低了对加工贸易的依赖度。

（4）企业发展呈现良性循环态势。2015年，重庆规模以上工业增加值增长10.8%。分经济类型看，国有控股企业增加值比上年增长6.9%，集体企业增长9.7%，股份制企业增长12.0%，外商及港澳台商投资企业增长5.8%。分三大门类看，采矿业增加值比上年增长7.9%，制造业增长11.1%，电力、热力、燃气及水的生产和供应业增长8.2%。从企业效益看，1—11月，全市规模以上工业主营业务收入18466.2亿元，增长10.5%，实现利润总额1150.5亿元，增长18.7%。2015年前三季度，全市39个行业大类中，37个行业实现盈利，30个行业实现同比增长。汽车，计算机、通信和其他电子设备制造业，铁路、船舶、航空航天和其他运输设备制造业，非金属矿物制品四个行业对全市利润增长贡献度较高，四个行业合计实现利润625.6亿元，占全市利润的54.4%，拉动全市利润增长12.8个百分点。其中，汽车行业对利润总额增速贡献达35.9%，拉动利润增长7.1个百分点，是全市利润保持高位增长的主要动力。

（5）积极举措推动供给侧结构性改革。重庆在产业发展中，一方面通过升级支柱产业增加有效供给，另一方面通过压缩过剩产能积极稳妥去除无效供给。重庆在增加有效供给方面主要做了以下工作：一是加快推动"6+1"支柱产业提档升级。推动工业化和信息化深度融合，推进大数据、物联网、3D 打印等在全产业链集成运用。二是加快培育十大战略性新兴产业，为市场提供更多高技术产品。三是加快推动生产性服务业与先进制造业融合发展。以生产需求和转型升级为导向，推动全市生产性服务业向专业化和价值链高端延伸，通过发展新产业和新业态打造新增长点。四是精心打造“双创”平台。

去除无效供给方面，“十二五”以来，重庆淘汰落后产能铁合金、铅冶炼、水泥、平板玻璃、造纸、印染、焦炭、小火电等方面的产能，超额完成了国家下达的淘汰落后产能的目标任务。一是加大化解过剩产能力度。积极稳妥推进企业优胜劣汰，消除“空壳公司”，鼓励企业通过兼并重组、债务重组和破产清算，实现市场出清。加大国企改革力度，重组整合一批国有企业，推动国有资本、非国有资本“双向”混合。二是对接国家“一带一路”战略，开展国际产能合作，推进化工产业、垃圾焚烧发电、单轨交通产业、水电战略设备 EPC 总承包等走向东南亚、非洲、南美洲等地区。

（四）上市公司财务情况比较分析

对宁夏、陕西、重庆及西部地区相关上市公司财务情况进行比较分析，可以从另一个角度把握三省（市、区）企业运行及成本情况。

（1）宁夏上市公司情况及成本分析。截至 2015 年年底，宁夏有上市公司 12 家，大部分属于制造业，其中，仅有两家在 2000 年以后上市，2010 年后没有新上市公司。从表 2 可以看出，过去三年其盈利能力较差，且呈下降趋势。营业成本占营业收入比重较高，净资产收益率基本为负，资产负债率相对保持稳定。上市公司的情况透露出宁夏企业发展实力不强，净资产收益率与银行贷款利率相比还有一定的差距，银行惜贷、企业融资难符合市场经济的交易特点。此外，对当地财政、就业影响较大的宁夏煤炭集团是上市公司神华集团控股的企业，没有反映在表 2 中。

（2）陕西上市公司情况及成本分析。截至 2015 年年底，陕西上市公司共有 43 家，其中 10 家公司处于亏损状态。大部分上市公司属于制造业，2014 年有两家新上市公司，2015 年有一家新上市公司。从上市时间看陕西比宁夏情况好很多。从表 3 可以看出，营业成本占营业收入的比重较高，净利润率不高，近三年净利润均值和中值也呈下降趋势。净资产收益率平均值和中值都为正，说明具备一定的盈利能力，但都低于银行贷款利率，资产负债率低于50%，负债情况相对较好。

表2　　2013—2015年宁夏上市公司各项财务指标情况　　单位:%

年份	各家上市公司	营业成本占收入比	销售费用占收入比	管理费用占收入比	财务费用占收入比	净利润占营业收入比	资产负债率	净资产收益率（加权）
2015	均值	82.75	1.69	7.61	5.40	-6.95	55.79	-10.04
2014	均值	81.33	1.81	6.64	4.98	-1.54	37	1.48
2013	均值	81.26	1.83	5.25	3.81	1.64	55.83	-12.29
2015	中值	83.47	12.67	9.75	3.59	0.58	55.55	-0.02
2014	中值	77.25	9.29	9.08	3.20	1.77	52.76	2.14
2013	中值	79.60	2.48	6.13	3.00	0.47	54.77	1.96

资料来源：根据万德（Wind）数据整理。

表3　　2013—2015年陕西上市公司各项财务指标情况　　单位:%

年份	各家上市公司	营业成本占收入比	销售费用占收入比	管理费用占收入比	财务费用占收入比	净利润（万元）	净利润率	资产负债率	净资产收益率(加权)
2015	均值	76.7	6.2	10.1	1.7	10056	2.50	43.93	3.30
2014	均值	77.2	5.6	9.1	1.8	17392	4.38	44.05	2.40
2013	均值	76.1	4.1	9.1	1.5	25227	7.35	43.39	1.90
2015	中值	66.0	4.5	11.0	0.3	4699	4.59	44.62	3.75
2014	中值	68.6	4.4	12.5	0.7	5796	6.32	43.33	3.83
2013	中值	67.7	4.7	13.2	0.6	6394	7.68	40.28	4.66

资料来源：根据万德（Wind）数据整理。

（3）重庆上市公司情况及成本分析。截至2015年年底，重庆上市公司共有43家，其中2014年、2015年各上市三家。全部上市公司中，2015年8家亏损，重庆钢铁亏损额较大，长安汽车的盈利较高。从营业成本占收入的比重看，其盈利能力也一般，资产负债率50%左右，净资产收益率相对不错，企业良好的盈利能力将有助于企业获得投资方的青睐（见表4）。与宁夏和陕西两地不同，重庆上市公司近三年平均利润呈上升趋势，净利润率也相对更好。

表4　　2013—2015 年重庆上市公司各项财务指标情况　　单位:%

年份	各家上市公司	营业成本占收入比	销售费用占收入比	管理费用占收入比	财务费用占收入比	净利润(万元)	净利润率	资产负债率	净资产收益率(加权)
2015	均值	76	7	8	2	39301	7	49.75	7.67
2014	均值	79	7	7	2	38177	8	50.21	2.69
2013	均值	80	7	7	1	22959	5	49.96	5.83
2015	中值	82	5	12	3	18146	14	50.43	8.70
2014	中值	68	5	8	3	10778	6	52.86	7.52
2013	中值	72	6	10	2	10078	7	52.59	7.83

资料来源：根据万德（Wind）数据整理。

总之，宁夏、陕西和重庆虽然同属西部地区，但其资源禀赋、地理位置、产业结构却各有不同。在此次经济下行周期中，产业结构的调整时间、承受的压力各有不同。重庆因为经济调整的时间较早，支柱产业为汽车业和电子信息业，借东部产业转移的趋势，利用本地相对丰富的人力资源和土地资源，承接了不少西移的产业。陕西和宁夏两地对能源化工产业的依赖因为能源价格的下降而承受重压。

（4）西部12省（市、区）全部上市公司情况及成本分析。截至2015年12月31日，西部12省（市、区）共有353家上市公司，占全部2874家上市公司的12.28%，数量相对较少，与西部地区经济相对欠发达的情况相符。西部上市公司2013—2015年各项财务指标呈现下降趋势（见表5），盈利能力不理想，净资产收益率下降尤其明显，与银行贷款利率、与权益资本收益率相比还有一定差距，但上市公司融资渠道相对丰富，因此资产负债率看起来并未过高。将调研的三省（市、区）与西部地区整体进行比较，发现重庆、陕西的上市公司高于西部地区的平均水平，宁夏则低于平均水平。

表5　　西部12省（市、区）全部上市公司主要财务指标分析

	2013年		2014年		2015年	
	中值	均值	中值	均值	中值	均值
销售毛利率（%）	24.03	28.76	24.88	27.76	24.41	26.79
销售净利率（%）	5.50	6.53	5.67	-6.45	5.33	7.09
净资产收益率（%）	6.91	6.29	6.10	2.60	5.13	1.93
总资产净利率（%）	2.69	4.04	2.66	-1.58	2.40	2.35
资产负债率（%）	48.57	48.35	48.28	61.67	46.85	48.77
营业成本占收入比（%）	0.96	1.10	0.96	1.00	0.96	1.14
营业利润占收入比（%）	0.05	0.06	0.06	0.02	0.05	-0.03
净利润率（%）	0.05	0.07	0.07	-0.05	0.07	0.10

资料来源：根据万德（Wind）数据整理。

西部地区上市公司各项财务指标全面落后于全国的平均指标和中值指标（见表6），盈利能力弱于全国平均水平，资产负债率高于全国平均水平，表明西部地区企业的发展状况和盈利能力的确相对较弱。

表6　　全国上市公司主要财务指标分析

	2013年		2014年		2015年	
	中值	平均值	中值	平均值	中值	平均值
销售毛利率（%）	25.48	28.59	25.70	27.74	25.92	28.55
销售净利率（%）	7.45	14.66	7.21	6.15	6.85	7.72
净资产收益率（%）	8.15	8.30	7.89	6.60	5.13	1.93
总资产净利率（%）	4.29	5.98	3.90	4.37	3.59	3.86
资产负债率（%）	43.40	44.62	43.73	47.31	41.77	43.67
营业成本占收入比（%）	93.44	96.17	93.96	96.07	94.58	100.49
营业利润占收入比（%）	7.50	13.36	7.08	4.86	5.02	15.66
净利润率（%）	7.44	14.48	8.75	7.78	8.57	8.19

资料来源：根据万德（Wind）数据整理。

（5）上市公司盈利比较分析。一是上市公司盈利水平与地区经济结构优化和产业转型是一致的。相比全国，西部地区上市公司盈利水平（2013—2015 年分别为 0.07%、-0.05%、0.1%）低于全国上市公司盈利水平（2013—2015 年分别为 14.48%、7.78%、8.19%），这与产业结构的优化升级情况是匹配的；调研的三省（市、区）中，重庆上市公司盈利水平最好（2013—2015 年分别为 5%、8%、7%），陕西次之（2013—2015 年分别为 7.35%、4.35%、2.5%），宁夏上市公司盈利水平则呈现负增长并且逐年走低（2013—2015 年分别为 1.64%、-1.54%、-6.95%），这与产业转型优化升级的进展是匹配的。

二是供给侧结构性改革是经济发展和上市公司发展的根本出路。从调研地区看，重庆得益于产业转型升级早，工作较主动，而且上市公司能够抵御全球经济复苏缓慢和国内经济下滑的压力，盈利水平呈现稳定增长态势，2013—2015 年分别为 5%、8%、7%；而受诸多因素制约，产业转型缓慢的宁夏，上市公司盈利水平逐年下滑，2013—2015 年分别为 1.64%、-1.54%、-6.95%，即使政府提供“保姆”式服务，也难改不利趋势。所以，战略上谋划经济结构转型、推进供给侧结构性改革是经济发展和上市公司业绩改善的根本。

二　突出问题

降低实体经济企业成本，需要打出“组合拳”，降低制度性交易成本、企业税费负担、社会保险费、企业财务成本、电力价格、物流成本等成本，加快建设服务型政府。西部三省（市、区）在降成本方面所面临的问题与全国整体情况大体相同。但由于政府管理水平、改革进度、产业结构和布局等方面的差异，不同省（市、区）不同行业的企业在降成本方面的诉求存在明显不同，侧重点也不同。

（一）制度性交易成本的深层次顽疾仍有待解决

制度性交易成本是由体制机制问题而造成的经济、时间和机会等各种成本。这些成本是企业自身努力无法降低的，只有依靠政府深化改革，调整制度和政策，才有可能为企业减负。随着一系列简政放权、放管结合、优化服务的改革措施的实施，调研三省（市、区）制度性交易成本都有所下降，但仍然偏高。突出问题有：

（1）简政放权“最后一公里”路难通，减负政策落地难。一是政策文件缺少实施细则和具体措施，基层难以落实。宁夏贺兰县反映，上级出台的政策文件很好，但缺少实施细则和具体措施，基层政府要花费大量时间研究具体实施问题，政策具体落地难。二是上面政策和下面落实有时是“两张皮”，一些简政放权举措卡壳在“最后一公里”。企业拿着红头文件找不到庙门，给企业增加了不少成本。审批权下放，但审批事项往往没有减少，基层办事人员少，办理能力有限甚至缺乏，部分权力下放后“接不住”或“不想接”，有时导致好政策成了“空头支票”。三是行政审批事项取消后，由于各部门之间衔接不够，企业无所适从。例如，陕西一家企业反映，对享受西部大开发税收优惠政策企业的认定事项，发改委发文明确不再审批，改为备案制，但国税局还没有接到文，企业无法办理。

（2）审批松绑流于表面，企业成本实际上并未降低。近年来，行政服务大厅在各地兴起，目的是让企业办事少跑腿，更快捷。可是，现实中，一些服务大厅只是一个领表格的地方，真正办事还得去各个委、办、局盖章。本是提高效率的一些网上申报，企业要面临更长的审批时间，时间成本增加。例如，某地工商年检等某些事项以前要准备好材料到工商局现场办理，现在网上申请就可以了，看起来省事了，但以前跑一跑一周之内就能办完的事现在可能要30天才能批下来。每年企业有几十项这类审批年检，审批松绑表面上看似乎带来了便利，但实际上企业成本并没有降低。

（3）各类中介服务名目繁多，收费偏高。审批事项下放后，很多前置性的审批或许可需要做安全、质检、土地、规划、环境、消防、能耗、职业卫生等方面的评估检测。随着简政放权步伐加快，以前这些评估评价往往由政府部门或事业单位承担，现在多数交给了第三方机构进行评估、认证、检测，采用市场化的定价模式，但企业评估检测的负担并未减轻。前置性审批或许可等需要通过第三方评估检测，但部门各行其是，分别规定本部门认可的中介机构，导致企业需重复评估、认证和检测，增加了企业成本，耗时耗力。例如，陕汽集团反映，企业车辆、设备需要接受环保部门、交通部门、工信部门以及质检部门检测，一些部门间检测内容重复或类似，对企业成本影响很大。企业每年在公告检测、油耗检测、3C 认证、环保检测等方面的花费 1000 万元左右。有的评价必须分几步进行，拉长了评价时间，也导致企业重复花钱。例如，一个项目开工前，按照规定需要进行建设投资项目安全、环保、职业卫生三项评价，需要做 9 次评估。企业必须安排专人跟踪，即使都合格，前后也需要一年时间才能完成。

另据陕西银监会统计，小微企业的抵质押贷款和担保公司担保贷款需要向政府部门及中介机构缴纳五六项费用。主要包括：会计师事务所收取的报表审计费 3000—5000 元；评估公司收取的抵押物评估费，约占贷款金额的 4.3‰；登记机关收取的抵押登记费 80 元至 550 元不等，一些县级登记机关收费则更高；融资性担保公司收取的担保费，占贷款金额的 2%—3%；公证机关收取的贷款合同公证费 500—2000 元；财产保险公司收取的抵押物保险费，约占贷款金额的 0.4‰。此外，收费、拉长审批时间、占用企业资金等，都将增加企业负担。

（4）部分税费征管不从实际出发，违规现象时有发生。例如，多家企业反映残疾人就业保障金的征收标准偏高。根据国家规定，企业安排残疾人就业的比例不得低于在职职工总数的 1.5%，凡安排残疾人就业达不到该比例的企业，需按其差额人数全额征收保障金。有的企业在当地很难找到那么多有劳动能力、符合岗位要求的残疾人，因此要支付更高的残疾人保障成本。

一些地方仍然存在违反预算法，实施收税指标管理的问题。近年来国家出台多项措施降低企业税负，特别是“营改增”试点的全面实施，实实在在地减轻了企业负担。但在一些地方，仍然存在税收并非按企业实际经营状况收缴，而是由税务部门年初定指标，分配到各个企业的现象。一些地方迫于增收压力，加大了对非税收入的收缴力度，耕地占用费、租赁费等原来已不收的税费，现在又开始收缴，加大了企业的非税收入负担。

（5）企业隐性成本高。如城市建设规划调整等原因导致小企业被迫搬迁，带来搬迁投入增加，重新调试设备和评估认证的成本增加，以及土地使用税等税费增加。工业企业的仪器设备设计检测、化验、计量等需要不定期年检，检验费高、弹性大，有时不得不与"红顶机构"如质检研究院等类似的机构签订年度服务合同。一些中小企业不得不安排维护政商关系的支出。一些企业每年用于维护政商关系的支出，即非营业性开支，往往占到销售收入的1.2%—1.5%。中央八项规定执行后，政府官员去企业"吃、拿"现象基本消失了，但"卡、要"现象并没有杜绝。一些事项的审批减少了，但等候审批的时间延长了，有的甚至要等半年多才能批下来，为缩短审批时间，企业不得不找人去"疏通"。法律法规中罚款额度弹性较大，执法人员的裁量权较大，执法尺度与关系亲疏程度相关，也为有关部门"卡、要"提供了机会。此外，公益性赞助等隐性支出造成企业支出的不确定性因素增多。陕煤集团人员提到，煤炭企业为了有一个好的生产环境，协调与政府关系，企业承担的不确定性公益性赞助较多，加大了企业成本控制的不确定性。

（二）中小微企业税费成本偏高，部分税制设计有待完善

税费成本方面的问题主要表现为中小微企业税费成本偏高，税收政策有待完善。

（1）中小微企业税费成本偏高。三省（市、区）的中小微企业行业分布和发展阶段各有不同：宁夏的中小微企业多集中于农产品初加工（如枸杞）；陕西新兴科技型中小微企业发展迅速；受产业引导基金、"1+3+N"、《完善小微企业扶持机制实施方案》等扶持政策的推动，重庆电子信息、新材料、新能源等高科技中小企业蓬勃发展。中小微企业税负偏高的问题在宁夏、陕西反映突出。如陕西中小企业局2015年对全省中小微企业税费负担情况的专题调研显示，小微企业税费负担显著高于大型企业，新设立企业享受优惠政策面较窄。

（2）部分税制设计有待完善。调研显示，我国现行税收政策的设计和征管确实存在一些有待完善的环节。如西安某企业反映的集团公司内部印花税重复征收的问题以及现有“营改增”政策中增值税税率档次过多等问题，需要研究并加以完善。

（三）人工成本快速增长，成本负担加重明显

（1）人员工资增长增加企业成本。近几年工资快速增长，导致企业用工成本快速增长。咸阳纺织反映，2010 年原材料与人工成本之比为2∶1，到2015 年原材料与人工成本之比为 1∶1，人工成本在产品成本中的比重大幅提高。

（2）社会保险费率偏高，负担随工资增长而加重。按照法定缴费率，社会保险中养老（个人 8% + 企业 20%）、医疗（个人 2% + 企业 6%）、失业、工伤、生育“五险”费率达到工资的 40%，如果考虑住房公积金，“五险一金”费率达到工资的 50%，相比国外，费率是偏高的。由于我国的社会保险费率偏高，与工资同步增长，近几年增长比较快，成为企业人工成本的重要部分。如陕汽的人工成本，2013 年单车人工成本 2.4 万元，2015 年单车人工成本增加到 4 万元，其中社保是重要部分。

（3）部分企业承担办社会职能，变相增加企业用工负担。如陕煤集团，属于劳动密集型企业，用人多，按照国家规定缴纳“五险一金”负担就比较重，但同时还要承担企业办社会的职能，主要是医院、幼儿园、技校和其他服务部门等难以移交地方政府，由企业代管，目前社区的日常费用均由企业承担。破产企业的离退休、养老、工伤残、抚恤等人员也由企业代管。

（4）部分企业人员流动增加培训费用而加剧用工负担。一些企业反映，由于工作条件、市场环境及薪酬等因素，企业员工流动性强，培育好的技术熟练的工人流动后，还需要培育新工人，导致用工成本间接上升，增加了企业负担。

（四）融资成本高，融资难、融资贵问题突出

西部地区的区域融资状况深受产业布局的制约，企业在融资领域，包括信用环境、利息成本、非利息成本、融资渠道、汇兑损益等，所面临的问题主要表现在以下方面：

（1）产能过剩行业集中的区域，面临的融资问题更突出。反映融资成本高或融资困难的企业主要有以下几类：一是中小企业；二是煤炭、钢铁、重化工、水泥等产能过剩或高耗能行业；三是轻纺、食品等在制造业领域缺乏核心竞争力的国有企业，对于拥有核心技术、产品有销路的企业而言，因经营状况良好，自身资金周转和外部融资渠道都较为通畅，较少反映融资成本问题，即使存在问题，也属于季节性或暂时性的资金短缺。

一般而言，中小企业融资难、融资贵是世界范围内都较为普遍的问题，经济周期不是中小企业融资成本高的根本原因，当然，经济下行时期，中小企业更容易受到影响，融资难和融资贵的问题较经济繁荣期会更为突出。而产能过剩行业和缺乏核心竞争力的国有企业则受到了经济周期性因素和结构调整的双重冲击，在经济下行期，这两类企业的经营状况明显恶化，亏损严重，出于审慎因素考虑，金融体系普遍收缩对这两类企业的信贷投放或股权投资，企业所面临的融资环境和融资条件进一步恶化，出现转贷难、续贷难、融资成本高企等问题，这些问题反过来使企业经营状况进一步恶化，企业发展陷入僵局。分区域看，宁夏和陕西企业反映融资成本的情况多，重庆产业结构调整起步早，重点发展战略性新兴制造业，改造提升传统优势产业，产业升级换代较为顺利，同时，善于通过创新型方式拓展融资渠道，因此，企业反映融资领域的问题相对较少。

（2）应收账款居高不下，信用环境恶化。经济下行期一些企业的应收账款居高不下，资金回收难，要账难，进一步增加了企业运行压力；少数企业营业收入下降，但应收账款依然在增加，造成企业资金十分紧张，而且上下游企业相互拖累，三角债局面凸显。例如，2016年第一季度末，中电投宁夏能源铝业应收账款13.53亿元，同比增长46%；宁夏担保应收账款7.5亿元，同比增长27.5%；宁夏电投应收账款3.18亿元，同比增长11.3%。陕西也反映重点监测企业的应收账款和产成品库存增长较快，这种回款和销售的双重困难影响着企业经营资金周转，严重制约企业发展。

不仅商业信用环境恶化，据银行等金融机构反映，一些企业逃废债务的倾向明显，还款意愿下降，不良贷款率攀升，银行信用环境也在恶化。

（3）低利率时期并未有效降低企业融资成本，企业债务负担重。2014 年以来，我国已六次下调贷款利率，一年期贷款基准利率由 5.6% 降至 4.35%，2016 年 3 月，全国非金融企业及其他部门贷款加权平均利率为 5.30%。企业反映，西部企业贷款利率，尤其是中小企业贷款利率普遍高于全国平均水平。据调查，陕西中小微企业贷款平均利率为 8.64%，加上登记、评估、公证、担保等费用，企业融资成本高达 10% 以上，民间借款融资成本为 16.07%，有的地方甚至达到 24% 以上。2015 年全国企业贷款实际利率为 9.95%，宁夏企业贷款实际利率为 11.05%，宁夏企业贷款所承受的实际利率高于全国平均水平 1.1 个百分点，融资成本居高不下。企业商业银行贷款融资受限而绕道非正规金融机构导致融资成本大大增加。经济下行期，商业银行总行的考核体系和风险容忍度并没有改变，风险偏好趋于收紧，信贷业务更为审慎，落后产能和过剩产能企业达不到银行的信贷投放标准，面对陷入经营困境和急需资金投入的企业，商业银行在保全贷款本金的冲动下，快速抽贷或不再续贷，加剧了企业的倒闭。而一些企业为了避免资金链断裂，转向小额贷款公司、民间借贷等非正规金融机构，通过高息贷款解决燃眉之急，这大大增加了企业财务成本。

陕西国有企业总资产报酬率高于 2015 年一年期银行贷款利率（4.35%）的企业有 637 户，仅占国有企业总户数的 16.6%；全省国有企业平均净资产收益率（不含少数股东权益）为 1.11%，低于 2015 年一年期银行存款利率（1.5%）。净资产收益率高于一年期银行存款利率的企业有 1611 户，仅占国有企业总户数的 42.1%。低盈利水平使得企业利息成本相对更加沉重。

企业融资结构过度依赖债务融资，导致财务费用沉重，企业经营效益下降又使得自我积累和补充资本金能力下降，证券市场低迷、上市融资成本较高、辅导审批流程过长等原因使得企业通过资本市场补充资本金比较困难。例如，2015 年年底，陕西国有企业平均资产负债率为71.37%，资产负债率在80%以上的企业占国有企业总户数的42.3%，已经资不抵债、负债率高于100%的国有企业所占比重为20.2%。不仅存量资金状况如此，流量状况更是堪忧，筹资活动现金流入中权益性融资比例过低，仅占7.6%，借款占比高达76.5%，筹资活动现金流出中绝大多数用于偿还利息，占82.4%以上。偿还债务和利息的付现额占取得借款资金的80%以上，全省国有企业经营活动产生的净现金流入仅为13.14亿元，而偿还债务的支出高达4258.91亿元，企业处于不断借新还旧的循环中，无力通过投资、经营活动偿还债务，维持运转。

（4）中小企业非利息成本繁杂，金融支持实体经济存在"短板"。中小微企业很少获得信用贷款，主要是抵押贷款和担保贷款，相应的抵押费用和担保费用也较为可观，对一些中小企业或者风险较大项目，如果通过资产管理公司或其他公司担保，这部分增信费用可能高达7%—8%。陕西有关企业反映，小微企业承担的抵质押贷款收费平均占贷款本金的1.1%，担保公司担保贷款收费平均占贷款本金的2.6%。除了担保费、抵押物评估费、抵押物登记费，还有财务顾问费、咨询费、资产评估费、审计费、公证费、工商查询费、保险费、通道费等，此外，还可能存在其他隐含的费用成本，如银行要求融资企业存款、购买银行理财产品、工资开户等。这些种类繁杂的非利息成本累加起来，使中小企业的贷款融资总成本接近20%。

小微企业承担的融资费用主要由"银行收费"和"政府部门及中介机构收费"构成。银行收费中经过收费专项整治工作，财务顾问费和融资咨询费等收费大幅度减少，但是，多数银行仍违反银监会"七不准"规定，将本应自身承担的贷款业务中产生的抵押品评估费转嫁给小微企业，同时，中小银行普遍存在以贷引存的做法，增加了中小企业融资的隐性成本，一些银行从业人员"吃、拿、卡、要"也直接增加了企业融资成本。除此之外，企业需要向政府部门及中介机构交纳一些费用，主要包括：会计师事务所收取的报表审计费；评估公司收取的抵押物评估费；登记机关收取的抵押登记费；融资性担保公司收取的担保费；公证机关收取的贷款合同公证费；财产保险公司收取的抵押物保险费；等等。这部分费用存在的突出问题是担保费较高，一般占贷款金额的2%—3%，一些担保机构除正常收取担保费外，还要按小微企业贷款金额的5%交纳保证金，或提供充分的反担保，变相增加了小微企业的融资成本。

（5）金融体系不能有效满足企业资金需求。一些高端制造业、农业科技企业等仍存在不同程度的融资问题，如缺乏长期资金，短贷长投，导致融资成本高企，银行信贷的种类和服务效率不能有效满足企业的需求等，我国金融体系对西部企业科技创新和转型升级的服务水平亟待提高。

例如，宁夏共享铸钢定位于生产高端、大型铸造产品，50%产品出口国外，企业在数字化管理、智能化铸造、绿色铸造等方面需要大量的长期资金投入，但是，商业银行的信贷资金在期限上不能有效满足，缺乏相应的投贷联动产品或中长期信贷产品，同时，该公司还反映国内普遍存在回款拖期，商业承兑银行不给贴现，导致占用资金、增加成本，抵押贷款利率上浮30%，贴现贷款利率上浮50%，企业支付的利息成本较高。

再如，沃福百瑞是宁夏从事枸杞种植、开发研究、生产销售的专业化高科技企业，产品以出口为主，农业生产的季节性强，企业在农副产品种植收购方面存在临时性资金短缺，希望政府部门协助建立企业短期需求流动资金平台，简化手续，切实解决企业在枸杞收购期间的融资难题。

（6）金融体系服务企业严重不足，约束企业国际化经营发展。随着西部经济的不断发展，越来越多的西部企业实施全球化的经营发展战略，充分利用国内、国外两个市场配置资源，或是原料进口，或是产品出口，或是两者兼而有之，国际化运营能力显著提升。目前，我国进一步完善人民币汇率市场化形成机制，发挥市场在人民币汇率形成中的作用，增强汇率双向浮动弹性，面对人民币汇率浮动弹性的提升，企业在国际经贸活动中必然具有规避汇率风险波动的诉求。从全国来看，远期、外汇掉期、货币掉期和外汇期权等外汇市场交易活动都较为活跃，越来越多的企业借助衍生金融产品规避汇率风险，但是，在所调研的西部企业中，几乎没有企业开展衍生金融交易规避汇率风险，有些出口企业是一方面有出口收汇，另一方面采用“内保外贷”的方式开展外汇借款，以此来对冲部分汇率风险，企业普遍反映在规避汇率风险方面缺乏合适的金融产品，与银行对汇率水平的判断存在分歧，可见，西部地区金融体系在服务企业规避汇率风险方面尚处于起步期，存在较大的业务拓展空间。

（五）垄断与体制改革滞后导致西部企业用能成本居高不下

企业尤其是工业企业的运营成本中，用能成本占有较大的比重，其中用电支出又是总成本的重要部分。例如，华天科技（西安）有限公司2015年燃料电力费占全年运营成本的比重为6.92%。咸阳纺织集团公司成本构成中燃料和动力占比16%。调研企业反映用电成本问题突出。

在降成本措施中，降低用电成本包括降低电价和收费标准以及扩大直购电试点和加快输配电价改革等措施。其中尤以大用户直供电措施最为明显。一方面，大用户直供电政策，让用电企业以略高于上网标杆电价、低于自行发电成本的价格，与发电企业直接见面交易，不仅可以降低企业自行发电的成本，还可以减少自行发电带来的能源消耗和污染排放，提高经济效益。另一方面，对于发电企业来说，与大用户开展直购电合作，不仅可以充分发挥专业管理的优势，还可以突破电量计划的影响，挖掘存量产能，提高经济效益。目前试点中的直供电政策深受企业欢迎，但是受电网企业独家垄断买卖电力格局、利益藩篱难以突破的影响，目前这一政策在多数省份还仅仅处于试点阶段，试点企业额度非常有限，试点之外更多的企业还无法享受这一政策带来的优惠。

（六）西部企业物流成本昂贵

两头在外、公路为主、物流现代化水平不高导致西部企业物流成本昂贵。

（1）产业结构布局导致其物流成本较高。西部地区企业加工的原材料和产成品需要从外部运入或者运出。例如西部煤炭资源丰富，生产出的煤炭提供给东部、中部地区使用，产生了高额的运输成本。华天科技提到，投入生产的原材料本地区不能供应，需要从外部取得，生产出的产成品出口，将发生运输费，即西部三省（市、区）的产业布局问题，导致企业需发生供应物流成本和销售物流成本。从物流功能成本项目看，将发生运输成本、库存成本、装卸搬运成本等。

（2）运输方式导致的成本上升。一般说来，水路运输成本较低，铁路次之，公路最高，大规模运输成本要低于小额、多批量的运输成本。陕煤集团提到，公司的煤炭产品，铁道运输占比不到半数，铁道运费连年升高，公路运输受高速收费标准限制，运输半径相对有限。从关中运至华南的煤炭产品，产品价款中3/4为运费。宁夏企业反映，企业货物的运输主要依赖公路，成本较高。

（3）流通环节多，增加了物流成本。我国许多商品基本都采取分销的方式从生产领域输送到消费领域，即通过制造商、一级分销商、二级分销商、三级分销商的流通链条，实现商品从生产领域向消费领域的转移。每增加一个流通环节，都将发生货物的搬运装卸成本、运输成本、库存成本、物流管理成本、包装成本，还会潜在发生货物报废、损耗成本，以及回程的空载损失等。

（4）基础设施投入不足导致物流成本增加。物流过程中现代化流通基础设施投入不足、物流仓储中心规划不合理、标准化物流设施设备投入不到位，这些因素将导致货物从生产方到达消费地需要更多的搬运次数，推升物流成本。陕西商贸厅提到，商贸流通行业标准化水平低。一些商贸流通行业标准涵盖面窄，基础类、通用类标准少，制约了商贸流通技术进步及其效能的提升。以标准化托盘应用为例，统一采用标准化托盘有利于促进物流系统整合，提高供应商效率，为社会物流成本总体下降提供支持。但是目前我国托盘标准化率约为23%，远低于流通业发达国家，如澳大利亚为95%，美国为55%，托盘标准化可以帮助企业降低成本。

（5）物流信息化程度和管理水平影响物流成本。物流信息化程度不高和货物的进出不平衡导致的货物流通不平衡、空载率较高，提高了总体运输成本。例如宁夏提到：宁夏工业发展特点以能源、化工、装备制造、新材料等行业为主，大宗煤炭、煤化工产品需要外运；而运入的货物多以工业消费品、工业原材料为主，造成货物流量以“出多进少”为主，双向流通不平衡。目前，进、出宁夏的货运量比例大约为7:3，铁路、公路的货运空载率高达40%，造成了运力的极大浪费。重庆的渝新欧铁路也存在物流双向不平衡、周边地区重复建设类似运输通道导致的运输能力利用不足的问题。物流管理水平的发展程度和管理水平不高导致物流企业成本居高不下。调研中宏观经济管理部门和被调研的企业基本没有提及企业生产物流成本的管理和控制，以及回收物流成本和废弃物流成本等环节引起的物流成本问题，但是现实生活中，有的企业，尤其是处于产生供应链中心的企业，可以通过上下游企业的工厂和仓库选址、物流标准制定、物流信息系统建设、物流模式优化等方式提升物流活动的效率。重庆在介绍其产业布局时提到，引入核心企业，能够促进推动其配套企业到重庆落户，这样既可以提升生产效率，客观上也有助于降低企业的物流成本。

三　降成本措施与评价

降成本是供给侧结构性改革主要任务“三去一降一补”的重要内容之一，在中央统一部署下，各地积极行动采取了一些措施。有的谋划长远，主动调整产业结构，控制过剩产能，以土地供应调控房价为生产、生活创造低成本环境，政策措施落实到位、积极主动；有的地方则受制资源环境约束，结构转型升级决心不够大，虽工作有些被动，但战术上也不折不扣地全力落实中央部署的相关降成本政策，不乏亮点。

（一）着眼战略层面产业优化升级，提升经济整体质量

重庆最为典型，其10年前就从战略上重视产业结构转型升级和质量提升，如钢铁产能，10年前是600万吨，现在国家钢铁产能翻了10倍，重庆依然是600万吨，去产能和降成本压力都不大，同时通过调节土地供应量，有效地控制重庆房价，不仅直接降低了工商企业房产资源成本，也间接降低了劳动力的生活成本，从而降低了劳动力工

资成本。同时不断引入战略性产业，如互联网等新兴业态，提升经济质量。

（二）着眼战术因地制宜降成本的具体措施和做法

各地企业降成本，包括制度性交易成本、税费成本、生产要素成本、人工成本、融资成本等，各地根据地域特点，各有侧重，采取了一系列措施，促进企业降成本。

（1）多措并举降低制度性交易成本，创造良好的营商环境。西部三省（市、区）都积极采取了相应措施，推动“放、管、服”改革向纵深发展，建立投资项目在线审批监管平台，清理社会组织承担的审批、收费事项。坚持“减负”“解难”“放活”原则，用改革的方法为实体经济减负担、降成本。一是深化商事制度改革，简化企业开设程序，降低“商事”成本。重庆采取一系列措施深化商事改革促进小微企业发展。放宽市场准入条件，全面落实注册资本认缴登记制、“先照后证”、放宽住所（经营场所）登记条件等改革举措，进一步激发市场活力和社会动力；推进注册登记便利化，大力推进“三证合一、一照一码”改革，建立联席会议和通报制度、数据交换和信息共享机制，推进网上行政审批改革，在市政府政务网建立网上行政审批系统。2015 年 10 月 1 日改革实施以来，已发放“一照一码”营业执照 18.1 万份；全市 45 个登记窗口企业设立登记当日办结率达 69.01%，三个工作日办结率达 100%。二是以企业和公众满意度为导向，提升服务效能，降低企业“办事”成本。重庆依托微型企业发展网、微型企业创业平台（微企助）实现全程网上审批、全程网上阳光公示，微型企业创业者通过互联网进行申请事项的网上申报和相关材料的上传送审，待材料审核通过后，到大厅一次性提交资料存档即可，实现了审批事项的一次性网上办结。通过互联网累计为小微企业提供注册咨询、打印营业执照、创业补助、创业培训、后续补助、创业券申请、创业导师咨询等十余项服务，实现扶持管理的全程信息化，减少行政管理成本，提升公众满意度。宁夏政府为企业发展提供“保姆”式服务，力促经济稳定增长，在某些产业方面成立专门的部门，如为促进葡萄酒产业发展专门成立葡萄酒局等。三是公开透明，依法行政，消除不规范的制度性交易成本。全面清理、简化、整合本地政府定价、政府指导价管理的行政事业性收费项目，更新后的涉企行政事业性收费、政府性基金等目录清单向社会公布。加强对民营经济各项政策措施落实情况、执行情况的监督检查力度，健全追责机制，对行政不作为、乱作为、慢作为予以责任追究，对故意刁难、妨碍企业生产经营造成严重影响的单位和个人依法依规处理。降低制度性交易成本。强力推进“放、管、服”改革，实施“分类精准放权”，清理规范中介服务，加强社会信用体系建设，建立和完善全市统一的公共信用信息应用平台，推动信用信息共享交换与应用。四是规范审批性中介服务性收费，消除依附行政权力形成的服务成本。经营服务性项目放开市场准入，交由企业和社会机构双方按市场规则自主协商，行政管理部门不得指定社会机构为企业提供服务。对以民营企业为主，政府采取先建后补、以奖代补方式给予资金支持的项目，凡项目业主依法能够自行建设、生产或提供的部分，按照法律法规规定，可以不进行招标，有关部门不得强行要求招标。五是完善制度设计，促进政府部门人员合规作为，有效降低小微企业制度性交易成本。创新小微企业补助审核监管的制度设计，对创业补助、后续补助等审核工作程序的关键环节进行了刚性要求，邀请财政、审计、监察等相关部门共同参与资金评审，资金评审公式系数化，杜绝自由裁量权，评审后进行双随机抽查等，将基层工商部门从直接审核发放财政补助的管理者，转变为事中事后监督创业券使用的监督者，切实提高了政策扶持效率，保障了财政资金安全。审核管理全程阳光公开，实现扶持政策信息数据的归集共享，信息互联互通。注重绩效评价。依托大数据实现企业发展的静态分析和全程动态监测，对僵尸企业、空壳公司、经营异常企业、有不良信用记录的企业进行网上数据预警，对违法失信企业实施联合惩戒，实现“一处失信，处处受限”，确保重点行业、重点人群的精准帮扶，全面提升发展质量。加强小微企业政策的落实督查，改善发展环境，包括加大政策宣传、加强检查监督以及成立省市县三级中小企业、非公企业维权投诉办公室，开设了维权投诉窗口，开展了维权投诉工作。

（2）落实税收优惠和规范行政事业收费，切实降低企业税费负担。一是推进结构性减税和税收优惠政策的落实，设出口退税“基金池”，降低因企业退税周期长导致的占款成本。推进结构性减税，同时，为帮助企业降低税费成本，重庆建立手机基地出口退税基金池。创新专项资金使用方式，针对手机企业产品出口退税时间长、占用资金量大的实际情况，2016 年年初，重庆发改委与南岸区政府共同出资 1 亿元（放大 10 倍）建立了手机基地出口退税资金池，支持手机企业加大产品出口，缓解了南岸区手机生产企业出口退税占用资金压力。二是清理交易环节各种不合理收费，降低企业经营性成本。全面清理涉企收费，对国家明文规定且有收费标准的行政事业性收费项目，收费标准按国家规定的下限执行。取消停征一批基金及收费项目。重庆等地公布了减轻企业负担政策措施目录清单。乱收费、乱摊派、乱罚款等问题得到有效遏制，取得了良好成效。到 2016 年 3 月末，累计为企业减负 119.2 亿元。2012 年以来，陕西政府及相关职能部门先后出台 6 项政策措施，共取消涉企收费 89 项，平均每年为企业节约支出 2.51 亿元。目前，陕西正在组织相关部门对省级行政许可中介服务进行清理。建立企业减负目录清单，清单以外收费企业有权拒缴。三是建立健全相应的制度保障机制，确保政策落到实处。逐步建立企业调查举报机制，公布减轻企业负担举报电话和邮箱。重庆、宁夏对投诉举报的相关程序、责任分配、级别设定、机制建立均有明确的规定，问题投诉及处理过程较为规范，得到了企业的广泛好评。

（3）降低用电、用水、用气及人工等要素成本。降低企业用能成本，陕西、重庆普遍推进直供电制度（额度受入网限制），例如，2015 年陕西协助供需双方达成直供电交易电量 31.15 亿千瓦时，仅直供电可为企业降负 1.5 亿元（按每度电降负 5 分钱计算）。对榆林电网实施了煤电价格联动，大工业用电价格每千瓦时降低 2.75 分，一般工商业用电每千瓦时降低 5.17 分。重庆大渡口区指导帮助企业与发电企业直接交易，为重庆国际复合材料有限公司（简称“国际复合”）争取到工业用电大户用电增量奖励资金 33.2 万元，促成本区工业企业天然气价格普降 0.7 元/立方米，并为国际复合争取“一企一策”政策，天然气价格再降0.15元/立方米。宁夏贺兰县除了引导企业积极参与电力市场化改革，还加大燃气基础设施建设力度，完善燃气企业的燃气成本及价格监控机制，合理控制企业用气成本。

控薪降费与稳定用工队伍并举，降低企业人工成本。一是建立工资总额与绩效挂钩机制，加强企业内部管理。重庆国资委为了促进降成本规定企业工资总额与绩效挂钩，要求去产能行业企业营收下降的工资总额不能增加。宁夏和陕西困难企业采取降薪措施，一线工资难以降低，就加大降低管理层薪酬，实现降低工资总额的目的，以降低人工成本。二是降低社会保险费率。之前，地方上不同程度地降低了费率，国家层面新政策出台后，各地全面落实人社部和财政部发文，将阶段性降低社会保险费率。三是强化政府服务职能，帮助企业解决用工、招工等困难问题，采取配套措施稳定企业用工（重庆廉租房措施）。建立公共服务体系：成立市及区县微型企业协会43个，建立文化创意、代账、会展等分会，向微型企业提供会展、免费咨询、代账、融资、法律援助等服务。建立经营培训体系：市财政安排专项资金支持，聘请知名学者、专家、企业家担任微型企业创业导师，提升了微型企业管理水平和市场竞争能力。提供公租房，稳定用工：重庆政府建设公租房，不设门槛，用于保障用工稳定，从而节约了企业的用工培训成本。有效控制房价等生活必需品价格，为降低人工成本创造良好环境：调研中发现，重庆通过有效控制土地供给，有效控制了房地产价格，降低了生活成本，从而为吸引人才、稳定用工队伍奠定了良好的基础。

（4）降低物流成本，因地制宜，各有侧重。物流成本是企业经营成本的重要部分，2015年全国企业的物流费用占到GDP的16%，可见物流成本给企业带来的负担。三省（市、区）都不同程度地存在物流成本负担问题，各地都采取了不同的应对措施。一是鼓励核心服务的配套企业本地落户，减少物流费用。西部地区普遍存在“两头在外”的企业生产模式，这样原料和产品的运输成本就比较高。重庆通过优化物流布局、打通物流“最后一公里”、完善物流仓储配送网络体系、提升信息化水平等，降低企业物流成本。二是采取相应措施降低工业企业特别是超大件产品运输的成本。宁夏和陕西都面临的情况是：

本地企业生产的超大件产品，交通运输成本非常高，如金风科技的超大件产品设备运输成本最高的达到产品成本的2/3，针对这些情况，宁夏、陕西在辖区范围内对这些企业产品的运输成本给予减半征收或运输费返还等政策，有效减轻企业物流成本，但是面对全国市场，限于辖区内的物流成本优惠政策对于企业降成本的作用还是有限的。

（5）综合发挥各种渠道方式作用，降低企业融资成本。各地政府、金融机构和企业都积极采取措施，降低融资成本，拓宽融资渠道。大致可以归为以下几类：一是带有救急性质的助贷基金，用于支持企业续贷，化解企业过桥贷款的燃眉之急，大幅降低了企业过桥资金成本；二是带有风险共担性质的拓宽信贷融资的措施，包括风险补偿或贴息、支持担保体系发展两大类型，或通过分担企业的利息成本、或通过分担银行的风险来为企业增加融资机会、降低企业融资成本；三是以资金奖励等方式鼓励、支持企业开展股权融资、发行债券等直接融资活动；四是加强管理，规范融资活动中的收费行为；五是为中小企业或科技创新企业提供专项基金支持，支持方式包括贴息、担保、奖励、股权投资等方式。

政府部门推行的上述措施有些是在原有的基础上加大投入力度，有些属于创新型运用财政资金方式的新设政策，这些措施在一定范围内对缓解企业融资成本高的问题都发挥了不同程度的作用。各省（市、区）的具体措施和基本效果见表7。

表7　三省（市、区）降低企业融资成本和拓宽融资渠道的主要措施

	主要措施及成效
宁夏	设立助贷基金。针对企业转贷难、续贷难、资金成本高问题，通过产业引导基金出资6000万元，吸引社会出资人出资3亿元，设立了第一只产业引导基金子基金——金超助贷基金，日息为1‰。已累计发放助贷贷款400余笔，合计50亿元
	设立四大风险补偿基金，完善风险补偿体系 设立工业风险补偿基金。针对经济形势下行、工业企业出现贷款难问题，自治区财政筹措10亿元，设立工业发展风险补偿基金，合作金融机构在风险资金总规模基础上给予10倍放大的贷款授信，区内13家商业银行已累计为区内120家工业企业发放贷款或授信150亿元

续表

	主要措施及成效
宁夏	设立小微企业保证保险风险补偿基金。引入保险公司为小微企业的贷款进行保证，小微企业不需提供抵押物和担保，由贷款银行审查后提供贷款额度在300万元以内的流动资金贷款。发生风险后由保险公司、贷款银行、风险补偿基金共同承担。自治区财政投入600万元进行试点，预计最少放大20倍，撬动银行贷款1亿元以上 设立助保贷风险补偿基金。自治区财政安排专项资金设立风险补偿资金，小微企业按照不超过贷款余额的2%交纳助保金和风险补偿金共同组成“助保金池”，合作银行按“助保金池”的资金规模放大10倍进行贷款。小微企业单户贷款在500万元以内，发生风险后由财政、企业、银行共同承担。自治区财政从2014年至今投入2000万元，2016年自治区财政继续安排助保贷铺底资金1500万元，目前已累计撬动小微企业贷款2亿元 设立财保贷风险补偿基金。自治区政府和市县政府及融资性担保机构共同建立“贷款风险资金池”。自治区出资3000万元，市县政府出资3000万元，合作融资性担保机构出资6000万元，合作银行按照风险资金池的规模放大10倍贷款，预计撬动银行贷款12亿元。小微企业单户贷款额度在1000万元以内，同时银行和担保机构给予企业一定的贷款利率优惠和担保费率优惠。发生风险后由区市二级财政、担保机构、银行共同承担
	加大担保体系建设力度。2010年起，设立担保体系建设专项资金，对担保机构为小微企业提供的担保给予2%的业务补助；每年财政安排资本金注入宁夏担保集团，累计注入资本金10亿元，缓解小微企业融资困境
	设立新型工业化专项担保基金。针对工业企业尤其是工业企业中的民营企业担保难问题，整合原有工业领域专项资金2亿元设立新兴工业化专项担保基金，由国有担保机构放大10倍为工业企业提供融资担保，同时，对提供融资担保的工业企业不收取担保费用，担保费用由担保基金全额承担
	鼓励企业直接融资，降低企业杠杆率。一是加快推进债券融资，对成功发行债券的企业，按其发行额度，给予2%的贴息。二是积极助推企业在全国中小企业股份转让系统挂牌，在新三板挂牌，分别给予50万元、30万元的经费扶持。三是从2015年开始，对在境内主板、中小板或创业板上市的前3家企业，分别给予一次性奖励400万元、300万元、200万元。对在境外上市的前3家企业，分别给予一次性奖励1500万元、1000万元、500万元

续表

	主要措施及成效
贺兰县	设立企业续贷周转金。设立1000万元的政府续贷周转金，支持生产经营情况良好且银行有意续贷的企业，提供“续贷搭桥”临时周转服务
	设立工业专项调控和风险补偿基金。设立1000万元的工业专项基金，并积极申请自治区专项调控资金，对规模以上工业企业当年列入自治区重点项目的贷款给予基准利率30%的贴息，对扩大贷款规模、支持实体经济发展成效突出的金融机构予以表彰奖励
	鼓励企业直接融资。进一步完善“规改股、股上市”政策，加快企业上市挂牌步伐。支持引导中小企业通过发行集合债等方式，扩大直接融资规模，对发债成本一次性给予2个百分点补贴，最高不超过50万元
陕西	用好10亿元财政风险补偿资金，完善政府、银行和担保机构风险分担机制，撬动银行贷款100亿元，用于支持工业固定资产投资项目建设
	设立规模5000万元的陕西省科技贷款风险补偿资金，鼓励金融机构向小微企业和创新创业企业发放贷款
	2005年设立省级中小企业发展专项资金，2015年规模为3.43亿元，各市、县、区也分别设立中小企业发展专项资金，全省总额超过10亿元，支持中小微企业实施技术改造、结构调整和产业升级等
	发挥成长性企业引导基金撬动作用，支持100家骨干企业发展
	支持担保机构发展。2015年通过中小基金安排资金4500元，支持担保机构壮大资本实力，缓解中小企业融资难的问题。建立担保机构风险补偿机制，省财政每年安排3500万元，对担保机构实际发生的代偿损失限率补偿
	对首发上市或再融资的中小企业奖励485万元，对在新三板成功挂牌的企业给予补助，最高50万元
重庆	建立中小微企业转贷应急机制，建立转贷应急资金管理平台，帮助部分生产经营正常/市场前景好但暂时资金周转困难的企业渡过续贷难关。资金来源由市财政统筹扶持中小微企业等资金组成
	对有市场有回款、有效益但资金周转暂时困难的中小微企业，在民营经济发展专项资金中给予贷款贴息，贴息比例不超过贷款基准利息的50%
	微型企业贷款风险补偿金使用范围扩大到符合相关政策要求的鼓励类制造业及信息传输、软件和信息技术服务业小微企业

续表

	主要措施及成效
重庆	进一步降低担保抵押成本。组建小微企业融资担保公司，设立融资担保基金，担保机构为中小微企业贷款担保，担保费率不超过2%的，市财政补贴0.5%
	规范金融服务收费，清理不必要的资金通道和过桥环节，收费项目向社会公布
	对中小微企业在区域外市场挂牌给予一次性奖励
	鼓励民营企业股权多元化，通过风险补贴、股权合作等引导资产管理公司、私募股权基金入股本市民营企业
	重庆产业引导基金公司，以母基金的模式市场化运作，撬动社会资金，精心布局资金投向，聚焦重点行业，支持薄弱环节
	贷款贴息，对有市场、有回款、有效益但资金周转暂时困难的中小微企业，安排专项资金予以贷款贴息
	采用奖励和费用补贴的方式，鼓励重点企业改制上市
	开展"助保贷"，注入风险铺底资金500万元，撬动银行贷款2240亿元
	"拨改投"，与市科技引导基金合作成立5000万元的科技创投基金，所投资企业有3家在新三板正式挂牌

（三）降成本政策措施效果评价

西部调研地区的降成本措施，有些从长远来看效果明显，但有些措施短期来看效果有限，同时需要强化对经济周期、企业经营等问题的认真甄别、针对性施策，才能达到应有的效果。

（1）降成本需要处理好战略与战术的定位。重庆在战略上行动早，产业结构优化升级明显，在2015年全国经济稳增长压力较大情况下，重庆以11%的GDP增长率位居榜首，而且降成本去产能压力并不大，充分体现了战略布局的优势；而调研其他地方则受制于资源、就业等压力，虽然也面临转型要求，但没有坚定决心，战略上行动不力，战术上就压力大而且被动，在过剩产能、落后业态上无论怎样加大政策措施力度，总会给人"头痛医头、脚痛医脚"的嫌疑，没有形成产业升级的良性循环，恐怕也很难彻底扭转局势，赢得主动。

（2）供给侧结构性改革需要针对政府与市场关系来施策。正确界定政府和市场的关系，市场做不好、做不了的，由政府来做。调研中发现，重庆在结构调整中积极主动，而且全部调研地区通过降低企业制度性交易成本、税费成本、要素成本、物流成本、融资成本等措施，对于改善企业运行环境、降低成本都是积极有效的，但是也存在着一些政府反而大包大揽问题，如宁夏专门成立葡萄酒局，对企业提供“保姆”式服务，明显高于国内外成本却要执着推进，效果自然不会好。

（3）降成本政策要区分经济周期问题和企业运营问题。如果是经济周期问题，供给侧改革确实需要推出降成本政策措施，帮助企业渡过难关；如果是企业运营问题，是落后的业态、落后的产能，已经不适应市场的需求，如宁夏、陕西的煤炭、钢铁企业，政府再出台多少政策，也只能维持这些企业的运行或延缓其困难显露，但难以扭转局势，需要转变思维进行转型升级才能解决企业发展的根本问题。

（4）需要强化企业投资的可行性研究。决策的失误是最大的失误，如果企业投资项目可行性研究没有做好，陷入困境，那么单纯依靠政策的支持，难以改变困难的格局，而且投资主要是为了企业盈利，如果不能盈利，反而只能依靠政府政策维持运转，那投资的意义就大打折扣，如宁夏的煤质油能源投入项目，投产时就亏损，越生产越亏损，这种状况靠政府的降成本措施恐怕难以奏效。

（5）对于降成本措施有许多积极的探索。如重庆，财政出资建立“资金池”，先行支付企业出口退税，等出口退税到位再放回“资金池”，解决了企业出口退税占用资金时间长的问题。多地采取的“过桥资金”等帮助企业融资，也具有积极意义。

专栏——重庆的政府产业引导基金

近年来，重庆在经济增长和产业转型升级方面取得了较为显著的成效，在融资领域，重庆具有特色的做法是成立了政府产业投资基金，以母基金的方式吸引各类社会资金支持重庆产业升级，并取得了良好的效果和社会评价，2015 年，重庆产业引导基金获得中国最佳政府引导基金，同时还获得中国最佳有限合伙人，成为政府与市场合作改善企业融资条件的典范。

2014 年 5 月，重庆产业引导基金设立，该基金主要来源于市财政扶持产业发展的专项资金以及其他政府性资金，重庆市政府从 2014 年起将连续 5 年每年筹资 25 亿元，最终形成超过 100 亿元的基金蓄水池，基金投向工业、农业、现代服务业、科技、文化、旅游六大行业。该基金在管理和运作上最值得借鉴的是，它不仅立足于解决企业的融资问题，更值得关注的是，它为重庆的产业升级换代和金融现代化提供了文化观念、金融资源、政府服务等多方面的支持，抓住“股权融资”这样一个“牛鼻子”，通过政府与市场的合作支持重庆经济发展和经济结构优化，具体而言，以下管理和运作特点具有借鉴和推广意义：

一是注重观念更新，形成支持股权投资行业发展的合力。面对重庆企业传统上习惯于通过银行等金融机构间接融资，普遍不熟悉、不了解股权投资的现状，公司主动加强宣传培育，积极整合各方力量，充实项目资源储备，带动区县、园区深度参与，壮大本地机构，支持股权投资行业发展。

二是采用母基金管理方式，为重庆产业发展提供全链条、全方位的资金和资源支持。从专业、产业、本土等不同维度招募基金管理人，同时坚守投资重庆比例这条底线进行谈判，打造的专项基金群覆盖六大产业，关注企业初创期、成长期、成熟期等各个阶段，专项子基金的存续期原则上为 5 年，经专项子基金合伙人大会批准可适当延长，总存续期限一般不得超过 7 年。至于政府资金与社会资金的投资比例，除了农业和小微企业领域不低于 1∶1 外，投资其他行业和领域的达到 1∶3 以上。

三是坚持市场化运作。始终坚持市场化母基金的运作模式，在专项基金中参股不控股，与其他社会资本“同股、同权、同回报、同进退”，专项基金日常管理、投资决策主要由合作基金管理人负责，专业的事情交给专业的人做。围绕重庆着力推动产业谋划布局，通过项目推荐、派员参加专项基金投委会等机制，引导专项基金明确和优化投资方向，聚焦重庆重点产业，支持薄弱环节。

四是通过母基金和投贷联动二次放大政府资金的带动作用。运行两年来，产业引导基金已参股发起设立专项基金21只，总规模196亿元，其中引导基金认缴出资50亿元左右，大概1∶3的杠杆，吸引投资资金146亿元左右。产业引导基金还与重庆农商行联合设计开发多款“投贷联动”产品，共同探索“股权＋债权”的联合投资模式，提高金融服务实体经济效率，真正打开企业融资渠道，缓解企业“融资难、融资贵”问题。

五是服务企业，定位于提供增值服务的财务投资者。在处理与企业的关系上，一方面，重庆产业引导基金并不是纯粹财务投资者，因为它为企业提供增值服务，为企业和政府之间沟通提供各种便利，同时，要求所投企业必须是守法的纳税户，投资过程中促进企业合法、合规经营；另一方面，重庆产业引导基金又是纯粹财务投资者，基金保持知情权，并不干涉企业具体经营，一段时间后即退出。

四　调研思考

西部地区虽发展条件相对滞后，但市场环境的差异影响着发展结果。推动供给侧结构性改革和降成本应以优化市场环境为根本导向，同时财政要注重化解结构调整和降成本过程中的公共风险。

（一）创造好的市场环境可以破解西部发展劣势

对于实体经济运营来说，市场的决定性作用表现为市场环境的决定性作用。市场环境决定着企业运行外部环境，左右着实体经济的运营成本，并最终影响地方经济发展水平。

调研的西部三省（市、区），虽然经济发展都保持向好态势，但发展质量和发展潜力有较大差异。2015年，重庆GDP同比增长11%，位居全国之首。追根溯源，市场环境对于重庆的发展起到了决定性作用，从两个方面可见一斑：一是公开透明的营商环境创造了较低的制度性交易成本。重庆积极推进政府职能转变，在吸引投资方面，不是简单地给企业优惠，或是一事一议、一企一议，而是减少政府干预，为企业营造透明的、公平竞争的良好营商环境。在调研重庆产业引导股权投资基金公司时发现，投资人普遍反映重庆是一片投资的热土，政府部门服务热情，事项审批快，对企业干预少。二是相对较低且稳定的房价形成了吸引投资和人才的比较优势。重庆市政府多措并举、提前谋划，确保房价稳定，近几年来多地出台限购、限贷等调控措施，但效果并不明显，而未出台限购政策的重庆，涨幅却仅为12%。低位稳定的房价使得重庆在吸引人才和投资方面具有比较优势，形成地方经济持续稳定发展的重要环境。

相比之下，有的地方政府发展经济的热情也很迫切，但并非从优化市场环境入手，而是亲自上阵，提供所谓"保姆式"服务，甚至为发展某个产业（实为某项产品）而成立正厅级的产业发展局。初衷虽好，政府部门也很努力，但效果不佳，实际上反映了政府理念的落后。结果是政府职能转变不到位，对企业经营管得太多，使得各种显性和隐性的制度性交易成本难以有效降低，反倒不利于企业长远发展。

（二）为优化市场环境提供制度供给是供给侧改革的关键

优化市场环境要遵循市场经济的内在规律，通过合理准确地对政府与市场进行功能定位，营造能够激发市场活力的氛围，才能有效降低实体经济运营成本，促进实体经济发展。优化市场环境应从政府的制度和政策供给侧入手，矫正政府的"缺位"与"越位"，同时要相应"补位"和"退位"，政府将不再是无所不管的管理者，政府职能由全能管理转变为有限治理，政府的作用由微观管理转向宏观管理。

从政府的制度和政策方面进行供给侧改革包括四个方面：

一是市场发现，即政府该退的要退，要打破传统的计划体制思维，政府要把原本应由市场调节的领域彻底让位于市场。从调研情况来看，尽管简政放权取得了积极成效，但是，客观地说，政府仍然管了很多不该管的事情，存在放权不到位，转变职能、提高效能有很大空间。因此要通过建立健全权力清单制度，明确政府的职权边界。建立健全涉企行政事项清单制度，坚持法无授权不可为，理顺政府和市场的关系。发挥企业的市场主体作用非常重要，例如位于宁夏的如意集团，虽然位于西部，又属传统纺织产业，无论从区位而言，还是从行业而言，似乎都没有优势可言，但是，该企业在经济下行期不仅没有遇到产品积压、融资困难等问题，而且保持了良好的增长势头，其关键在于：①该企业及所属集团公司重视自主研发、自主创新，技术领先为企业发展提供了持续的动力。如意集团拥有首家国家纺纱工程技术研究中心、国家级工业设计中心、国家级企业技术中心和博士后工作站，获得了数百项专利技术和创新成果，综合竞争力居中国纺织服装企业竞争力500强第一位。②该企业注重国际国内资源的优化配置，在全球范围内构建供应链和产业链，旗下企业已遍及日本、澳大利亚、新西兰、印度、英国、德国、意大利、美国等国家以及山东、重庆、新疆、上海、江苏等地区，为企业发展打开了广阔的空间。

二是市场维护，即政府要为市场提供有效平台，保证市场有效运行，包括市场基础设施、信息平台、交易规则、法律框架等内容。例如，调研中集中反映的企业融资难、融资贵实际上反映的就是政府在市场维护方面的不足问题。中小企业面临的非利息成本繁杂，反映出金融支持实体经济仍存在制度和管理层面的“短板”，而金融体系不能有效满足企业的长期资金需求和季节性资金需求，则反映出我们政府对金融体系的顶层设计存在问题。调研过程中了解到一些高端制造业、农业科技企业等仍存在不同程度的融资问题，例如，缺乏长期资金，短贷长投，导致融资成本高企；银行信贷的种类和服务效率不能有效满足企业的需求等，说明我国金融体系对企业科技创新和转型升级的服务水平仍亟待提高。另外一个例子是，在降成本措施中，降低用电成本包括降低电价和收费标准以及扩大直购电试点和加快输配电价改革等措施。其中尤以大用户直供电措施最为明显。理论上说，大用户直供电符合市场经济规律，能够进一步激发企业作为市场竞争主体的活力，实现发电用电供需双方双赢，同时也有利于整个社会层面的能源节约和减少排放。但受电网企业独家垄断买卖电力格局、利益藩篱难以突破的影响，目前这一政策在多数省（市、区）还仅仅处于试点阶段，试点之外更多的企业还无法享受这一政策带来的优惠，这就需要政府对相应的交易规则、法律框架进行调整，从而优化市场环境。

三是市场引导，即政府要加强战略规划和宏观引导。调研中我们了解到，传统产业产能过剩和经营困难凸显成本压力，而结构调整起步早的地方与企业成本问题并不突出，这说明政府战略规划和宏观引导对于优化市场环境、化解实体经济运营风险具有重要意义。例如，相对于宁夏和陕西，虽然同属西部地区，重庆企业经营困难和成本问题相对并不突出，这与政府的战略规划和宏观引导有很大关系。重庆主动融入国家对外开放和区域协调发展战略大局，大力实施五大功能区域发展战略，坚持抓早、抓紧、抓准、抓实，经济呈现结构优化、活力增强、质效提升、民生改善的良好态势。2015 年，重庆规模以上工业增加值增长 10.8%，高于全国平均水平近 5 个百分点，规模以上工业企业利润增速保持在 20% 左右。

四是市场培育，即政府对实体经济的支持政策措施。市场培育是指在市场发现、市场维护和市场引导的基础上，通过财政政策、货币政策、产业政策实施，发挥政府政策的导向功能。政府出台的政策措施也要注重创新，发挥实效，这样才有针对性，才能有效降低企业成本。例如，重庆建立手机基地出口退税“基金池”的做法就很有借鉴意义。针对手机企业产品出口增长快，退税时间长，占用资金量大的实际情况，重庆创新专项资金使用方式，重庆发改委与南岸区政府共同出资 1 亿元（放大 10 倍）建立了手机基地出口退税“资金池”，支持手机企业加大产品出口，缓解了南岸区手机生产企业出口退税占用资金压力。政府花钱不多，但对于促进企业发展效果明显。

（三）短期降成本措施应为长期制度供给争取时间

在调研中，企业普遍反映社保缴费负担重，顺应企业呼声，政府采取了一些阶段性的降低社会保险费率政策。例如，企业职工基本养老保险单位缴费比例超过 20% 的省（市、区），将单位缴费比例降至 20% 等。降低社会保险费率作为降成本的临时性、阶段性短期措施无可厚非，但切忌长期化和常态化。财税政策措施存在同样的问题。在当前经济增长乏力、财政收入增速放缓背景下，政府适度降低税费，以短期代价换取中长期的收益，实现经济的可持续发展，是当前政府与企业共渡难关的积极举措。但税费降低要适度，不能影响社会公共服务的提供与改善。在贯彻落实好国家税制改革和税收优惠政策的同时，需要推进涉企收费制度改革，加快“清费立税”工作，进一步改革和调整政府性基金，形成完善规范的非税收入体系，保持企业合理的负担水平。

（四）财政要注重化解结构调整降成本过程中的公共风险

降成本涉及结构调整与保持稳定之间的考量，推进结构调整必然带来阵痛，处理不好有可能对保持稳定产生影响。但又不能一味地保持稳定而不进行结构调整，因为从长期来看还是必须进行结构调整才有出路。这就需要政府和财政的积极作为，财政要注重化解结构调整过程中的公共风险。例如，陕西省“去产能、降成本”使得转岗人员进一步增加，高校毕业生、退役军人、脱贫人员等劳动力供大于求，稳就业工作压力较大。这就要求，必须充分考虑经济和社会的承受能力，把握好改革时机、节奏和力度，做好各种预案，防范各类风险。在改革过程中统筹做好就业和援助工作，切实保障企业和职工的合法权益，织就密实的民生保障网，保持社会和谐稳定。

当然，财政化解结构调整和降成本过程中的公共风险也要注重方式方法的创新，例如重庆市采取产业引导基金的模式，就是一种好的做法，这种方式不仅立足于解决企业的融资问题，更值得关注的是，它为重庆的产业升级换代和金融现代化提供了文化观念、金融资源、政府服务等多方面的支持，抓住“股权融资”这样一个“牛鼻子”，通过政府与市场的合作支持重庆经济发展和经济结构优化。

五　相关建议

降成本是2016年供给侧结构性改革的重要任务之一，也是当前帮助实体经济渡过难关、争取中国经济更好未来的关键所在。通过降低实体经济成本的长效制度安排和短期政策措施，可以有效激发企业活力，增强企业创新能力和竞争力，提高供给质量与效率，改善供给结构。对于西部地区而言，一方面，要按照中央关于供给侧结构性改革的总体部署，全面深化改革，为企业降成本营造良好的制度环境；另一方面，需要国家进一步加大对西部地区的资金和政策支持，深入实施西部大开发，健全长期稳定的资金渠道，继续加大转移支付和政府投资力度，为企业降成本提供现实支持。把深入实施西部大开发战略放在优先位置，更好地发挥“一带一路”建设对西部大开发的带动作用。加快内外联通通道和区域性枢纽建设，进一步提高基础设施水平，改善西部地区的通行条件。

（一）深化改革，完善治理，形成降低制度性交易成本的长效机制

制度性交易成本受体制机制、社会法制、部门责权利、文化行为习惯、行政管理能力等因素的困扰。降低制度性交易成本的核心在于制度创新，需要按照治理体系现代化的要求，通过深化改革，完善治理，形成有利于企业公平竞争、减轻企业负担的制度保障。同时，要以全面深化改革取代过去碎片化的变革创新。政府应以整体政府责任来积极面对民众期盼和经济社会发展需要，统筹谋划、协调推进，不断突破体制机制甚至法制束缚。同时，制度创新还需要注意新制度的适应性，为政府部门的有效作为提供足够的制度支撑，确保基层接得住、管得好。同时，通过向市场放权、向社会放权、向地方政府放权，理顺政府与市场、政府与社会、中央政府与地方政府的关系，完善治理，创造让企业和市场发挥作用的良好制度环境。

（1）通过建立健全权力清单制度，明确政府的职权边界，理顺政府和市场的关系。遵循“简约主义”的治理理念，推进市场化、分权化、服务导向的行政审批改革。减少行政审批事项，简化审批流程，取消不必要的行政许可项目和审批手续，取消或下放相同相近事项及关联事项，提升办事效率。充分发挥价格机制、供求机制和竞争机制三大市场机制的作用，激发市场主体的内在活力。进一步深化行政管理体制改革，更好地发挥政府引导和调控作用，加强政策引导，规范政府行为，维护市场秩序，为企业健康发展营造活力迸发、规范透明、良性竞争的营商环境，避免政府降成本等举措妨碍市场的公平竞争。

（2）以企业和公众满意度为导向，提升政府服务效能。进一步转变政府职能，加快建设服务型政府，形成统一的“公共服务型”政府理念。简政放权，不仅要看下放了多少审批事项，取消了多少收费项目，还要看改革后企业申请开办时间压缩多少、项目审批提速多少、群众办事方便多少。因此，应建立衡量政府服务效能的明确的量化指标，让政府服务的企业和公众真正满意。加快电子政务公共服务平台建设。加快形成权界清晰、分工合理、权责一致、运转高效、法治保障的地方政府机构职能体系。同时，加强新闻舆论和社会监督。推进政务公开，打通“信息孤岛”，使企业和公众了解、监督、评价政府服务，提升政府服务效能。

（3）推动政府与社会治理改革，规范中介服务收费。推进政府与社会治理改革，通过建立健全社会组织管理体制，依靠深化行政审批制度改革，向社会下放权力，还权于民，培养公众的责任意识，提高人民群众的认同感和参与度，充分调动人民群众对经济社会建设的积极性和能动性，从而有力地激发社会创造力。深化事业单位和中介组织改革，全面清理中介服务事项，深入整治“红顶中介”，真正从源头切断中介收费和行政职权的联系。鼓励中介机构发展，建立健全和完善评估、担保等中介服务市场体系。打破部门间的利益壁垒，梳理评估、认证、检测等中介服务，对提供同样或类似的材料，走相似程序的评估、认证、检测等中介服务，实行同类合并，由具备资质的第三方机构出具各个部门都认可的一揽子评估报告，切实减轻企业的负担。整顿和规范经营服务性收费秩序。对法定中介服务事项实施目录清单管理；对实行市场定价的涉审中介服务，通过市场竞争促进中介服务收费合理下降；对实行政府定价或政府指导价的中介服务，开展收费成本评估，适当下调收费标准；适当下调属于行政事业性收费的中介服务收费标准。

（4）提高部门间、不同层级政府间审批监管的协同性。一是加强部门间协同。如工商登记制度改革要有与司法协执、税收政策、外资准入等领域相应的改革配套措施。二是加强不同层级政府间审批与监管的配套，提高协同性。破除地方保护的利益壁垒，建立地区之间产品互认机制。企业产品经权威机构认证后，应在省内各级机构间、省际实现互认，避免重复认证，费时费力。

（5）完善法制，强化信用管理，建立企业经营的公平氛围。加强保护企业权益法制建设，将保护企业权益纳入法制轨道，加大对侵害企业权益行为的查处和惩罚力度，完善企业举报和反馈机制。强化地方政府信用，加快社会信用体系的建设，推动全国范围内的信用信息联结和共享，推动征信体系的相关立法和失信惩处机制，实现从关系社会向契约社会的转换。

（二）在保障社会所需公共服务的前提下，降低税费实际负担

政府适度降低税费，以短期代价换取中长期的收益，实现经济的可持续发展，是当前政府与企业共渡难关的积极举措，但税费降低要适度，不能影响社会公共服务的提供与改善。

（1）贯彻落实好国家税制改革和税收优惠政策，适当调整部分税费。在宏观税负保持适当水平的前提下，贯彻落实好国家税制改革和税收优惠政策，推进涉企收费制度改革，加快“清费立税”工作，进一步改革和调整政府性基金，形成完善规范的非税收入体系，保持企业合理的负担水平。借鉴重庆经验，出台减轻企业负担政策措施目录清单，切实为企业减负。研究调整集团公司内部印花税重复征收的问题，现有“营改增”大框架下可否简并增值税税率等。

（2）注重结合企业实际需求创新支持方式，帮助企业降低税费成本。可借鉴重庆建立手机基地出口退税“基金池”的做法，创新专项资金使用方式，支持手机企业加大产品出口，缓解南岸区手机生产企业出口退税占用资金压力。

（3）进一步加强税收征管信息化的建设，优化纳税服务。进一步加强税收征管信息化的建设，并结合信息化管理的需要进行征管流程和机构设置方面的调整；针对纳税人类型和行业产业特点，完善企业纳税人分类管理，加强对自然人的税收征管制度建设，提高对行业产业的专业化管理水平。大力推广网上办税，积极推行企业涉税事项全域通办，优化办税流程。简并申报缴纳次数，对增值税小规模纳税人实行按季缴纳增值税，对小型微利企业实行按季预缴企业所得税。

（三）多措并举，降低实体经济的人工成本

（1）加强企业薪酬管理，健全绩效挂钩机制。企业薪酬工资要与经营业绩挂钩，形成一定的激励约束机制。薪酬工资应该是能上能下，不能只增不减。进一步细化企业薪酬管理措施，在一线员工薪酬难以下降的情况下，加大管理层面人员薪酬的降幅，将薪酬绩效挂钩机制落到实处。

（2）切实落实好中央及地方降低社会保险费的政策。调研发现，部分地方在前期已经尝试了一些降低社会保险费的做法，可能与人社部、财政部出台的文件标准还有一定差距，要保障阶段性降低费率政策切实落实到位。

（3）进一步强化政府服务职能，帮助企业解决用工、招工等问题，稳定用工队伍。这方面可借鉴重庆经验，由政府建设公租房，不设门槛，用于保障用工稳定，从而节约企业的用工培训成本。

（四）提高金融资源配置效率，降低融资成本

（1）优化和完善救急与续贷支持措施，促进市场有序出清。针对企业融资困难的局面，各地都建立了助贷基金或续贷周转金等不同形式的救急支持措施，对于产品有市场、有发展前景的企业面临的临时性资金困难，需要给予相应的支持，帮助其渡过难关；对于产品没有竞争力，财务不可持续，资不抵债的僵尸企业面临的融资困难，要促进它们的有序退出，救急资金的使用也需要遵循优胜劣汰的原则，避免僵尸企业持续占用金融资源，抬升社会平均融资成本。

（2）加强区域和全国信用体系建设，促进商业信用和银行信用的正常运转。良好的信用环境是社会融资活动顺利开展的基础，经济下行周期中，需要按照市场化、法制化原则妥善处理信用违约和资金拖欠问题，否则，出于避险因素考虑，整个社会的信用供给总量会下降，融资活动所需要的利率风险溢价、交易成本、保证金成本会更高，降低了社会资金的周转效率。具体包括加强区域和全国企业信用体系的建设，提高信用信息的透明度，支持守信，惩戒失信，为中小企业建立系统化的动态信用档案，促进银企之间的有效合作。

（3）加强金融服务相关中介的管理和发展，减少垄断性收费，降低非利息成本。抵押贷款和担保贷款仍是我国信贷融资的主要类型，这两类贷款的业务流程中除涉及银企双方，还涉及有关政府部门、担保机构、资产评估机构、会计师事务所、律师事务所等中介服务机构等，如何使相关的服务环节更为顺畅和高效，尤其是减少垄断性收费和降低担保费用是企业集中反映的问题，为此，一是需要监管部门进一步开展与收费相关的调查研究，规范管理；二是我国各级担保机构数量众多，但担保实力和业务可持续性都尚显欠缺，促进担保体系的资源整合和规范发展是提高我国中小企业信贷融资效率的关键举措之一。

（4）以增强企业内生发展动力为导向，优化政府与市场的合作机制，为企业发展创造良好的营商环境和融资条件。近年来，在支持企业融资方面，我国各级政府和财政部门不断优化财政支持方式，创新财政支出方式，从原来的一次性的消耗式投入逐步转变为注重发挥财政资金的引导作用，积极吸引社会资金投入，放大财政支持的效果，并引入市场化的管理和运作机制，提高资金使用效率。目前，各地都有一些较为成功的实践，比如母基金模式、专项基金、风险补偿、共建“资金池”等，下一步，需要对成功的经验进行总结推广，同时，促进中央政府和地方各级政府在这方面的上下联动，形成合作机制，发挥各级财政的合力效应，引导社会资金投入，有利于产业升级换代，有利于创新创业的实体经济领域，促进政府资源和市场资源的优化配置，以融资效率和金融服务水平的提升激发企业的内生发展动力，推动经济结构优化，促进经济发展。

（5）加快金融现代化建设，优化金融结构，提高金融服务创新创业、服务企业国际化经营的水平。过去 20 多年，我国金融体系高速发展，金融业总量规模不断攀高，但是，金融结构优化和金融竞争力仍然存在很大的提升空间，在微观层面，从企业的实际融资需求来看，股权融资、债券融资、长期融资的需求满足都存在很大的缺口，以间接融资为主导的商业融资体系也不适应国家鼓励创新创业的金融服务需求，政策性融资体系在满足经济社会发展薄弱环节的资金需求方面还存在“短板”，金融服务企业国际化经营方面也存在滞后的问题，总体而言，我国经济结构的升级换代，不仅需要企业技术创新，改善产品供给，更需要加快金融现代化的步伐，深化金融体制改革，积极发展金融市场，为实体经济提供有效的金融服务供给。

（五）加快推进能源管理体制及价格改革，降低用能成本

（1）加快能源管理体制机制改革，理顺能源上下游企业利益关系。煤炭、发电、电网等各行业用电企业作为能源行业的上下游，在煤炭、原油等大宗商品价格大幅下跌情况下，企业对发挥能源价格传导机制，进一步降低用能成本要求更加迫切。如直供电受到企业普遍欢迎，应进一步鼓励地方先行先试，改革能源价格形成机制。

（2）推进能源价格改革，放开具备竞争条件的商品和服务价格。完善促进节能环保的电价、供热价格等政策，以更大的勇气突破利益藩篱，减少行政审批，真正发挥市场在能源资源配置中的决定性作用，发挥市场主体的活力。

（3）建议有关部门真正落实相关政策，扩大大用户直供电试点范围。总结大用户直供电试点经验，进一步完善相关政策，在保证合理的利益分配和维护良好的市场交易秩序的基础上，严把节能减排环保等准入关口，扩大大用户直供电试点范围，让更多的企业从中受益。

（六）加大对西部地区综合交通运输体系建设支持力度，降低企业物流成本

（1）加大对西部地区综合交通运输体系建设的支持力度，提升西部地区交通基础设施建设水平，降低企业物流成本。西部企业物流成本的区域特征非常明显，这受制于西部地区不发达的交通基础网络。建议结合国家“一带一路”战略，加大对西部地区综合交通运输体系建设的支持力度，加快西部地区铁路、公路建设和交通枢纽建设，完善广覆盖的基础网络，加强进出疆、出入藏通道建设，构建西北、西南对外交通走廊，为提升交通物流整体效率提供支撑。

（2）优化产业布局，降低企业物流成本。可借鉴重庆等地的经验，通过优化物流布局、打通物流“最后一公里”、完善物流仓储配送网络体系、提升信息化水平等，降低企业物流成本。鼓励为核心企业服务的配套企业在当地落户，通过加强战略规划引导，优化产业布局，延长产业链，降低企业物流成本。

中国财政科学研究院“降成本”课题组赴西部地区调研组
调研组负责人：苏　明　傅志华
调研组成员：赵福昌　石英华　李成威
孟　艳　黄燕飞　李　铭

西藏自治区区域成本差异及完善转移支付制度研究

西藏财政厅课题组

一　引言

公共财政在国民经济中占有重要地位，它对依法促进公平分配、调控宏观经济、合理配置市场资源、做好国有资产管理起着不可代替的作用。所谓公共财政，就是为社会提供公共产品与公共服务的政府分配行为，是与市场经济体制相适应的一种财政管理体制。公共财政主要着眼于满足社会公共需要，弥补“市场失效”缺陷。公共财政的历史使命，在于它支持、促进着市场经济体制的形成和发展。有市场经济体制，必有公共财政，二者相互制约，相互促进，交替推动，共同前进，是一种紧紧捆在一起的双边互动的关系。只有真正推行公共财政，才能建立与完善社会主义市场经济体制。在市场经济条件下，财政可以作为弥补市场缺陷的主要手段。一般而言，在市场经济条件下，资源配置被认为是市场所固有的功能，但是，在市场存在缺陷、市场机制不健全的情况下，市场本身是难以独立实现对资源的最佳配置的。因此，客观上要求政府必须担负起相应的配置资源的责任，通过财政分配以及其他各种财政政策措施直接分配或引导资源投向，从而实现对资源的最佳配置。

在我国，地区之间经济发展不平衡是客观现实。从整体上看，这样的现状不利于我国经济长期均衡稳定的发展。财政资源配置职能的一个重要内容，就是通过财政分配，即财政补贴、税收、财政政策与财政体制等手段，实现资源在各个不同地区之间的合理配置。财政的资源配置职能包括了对用于满足社会公共需要的资源的直接分配，以及对全社会资源配置的宏观调节这两个方面的内容。公共财政的资源配置归根结底是为了实现地区间基本公共服务均等化。

基本公共服务均等化的最终目标就是实现人与人之间所享受的基本公共服务机会均等和结果大体相等。1994 年我国实施分税制改革、1995 年建立转移支付制度以来，中央政府为了均衡地区间的财政能力，促进各地基本公共服务均等化，建立和完善了政府间转移支付制度，尤其是一般性转移支付制度。中央对地方的一般性转移支付资金规模也在不断扩大，近年来，中央对中西部地区一般性转移支付所占比重达到 95% 以上。从现行一般性转移支付制度情况来看，中央财政将实现基本公共服务均等化的一般性转移支付资金拨付给各省（市、自治区），各省（市、自治区）进一步将一般性转移支付资金拨付给各县（市、区）政府时，以因素分配为基础，大多考虑财政供养人口、区域总人口、受教育人口、区域面积等因素进行财政资金的计算和分配，力求实现各地政府财力均等化目标。但是，由于基本公共服务供给成本在不同地区间存在差异，甚至差异很大，相同的资金量未必能实现同样的基本公共服务，即没有考虑公共事业发展成本差异的财力均等化客观上不可能实现基本公共服务均等化目标。

财政转移支付是以各级政府间所存在的财政能力差异为基础，以实现各地公共服务水平的均等化为主旨，而实行的一种财政资金转移或财政平衡制度。转移支付的模式主要有三种：一是自上而下的纵向转移；二是横向转移；三是纵向和横向转移的混合。中央对地方转移支付由财力性转移支付和专项转移支付构成。财力性转移支付是指为弥补财力薄弱地区的财力缺口，均衡地区间财力差距，实现地区间基本公共服务均等化。

西藏自 1996 年建立了对地（市）、县（区）的对下转移支付并不断完善以来，规模也不断增加，目前转移支付占各级政府财力的 90% 以上，有力地保障和改善了基层财力。作为转移支付最重要组成部分的均衡性转移支付，按照公开、公正、公平和逐步规范的原则，结合各地（市）、县（区）的实际，采用因素法计算各地（市）、县（区）的标准财政收入和标准财政支出，以标准收支差作为依据进行分配。在标准收入测算中，按上年各县（区）的本级财政收入、税收返还以及上年上级补助财力的所得税返还、体制补助、转移支付、工资补助等口径计算，同时考虑国内生产总值、国内生产总值的环比增长、产业结构状况、企业发展状况和财政努力水平等因素。在标准支出测算方面，充分考虑各地成本差异，采用基准因素和辅助因素两个因素，基准因素包括财政供养人员、公用经费两部分，辅助因素包括人口因素、交通里程、地域面积、海拔高度、地县间燃油价格、公路里程、农牧民人口、边境防控、青藏铁路维护等因素。

由于特殊的自然、经济、社会等因素，西藏区域成本差异对公共服务均等化领域的影响显著，单纯以通用的财政支出因素考虑转移支付，将使转移支付显失公平，难以顾及不同地区的发展成本及实际需要。本课题将以区域成本差异为视角，研究完善转移支付制度及相关指数，加大转移支付中的成本差异考量。

二　全区基本情况

（一）自然状况

西藏位于我国的西南边陲，面积120多万平方公里，约占全国总面积的1/8，截至2014年底，总人口303.3万人，平均每平方公里2.5人。国土面积仅次于新疆，居全国第二位。

西藏全区平均海拔在4000米以上，地形地质条件复杂多样，山高谷深、荒漠戈壁，有“世界第三极”之称，许多区域属于生命禁区和不适宜人类生活的地区。气候条件恶劣且生态环境极为脆弱，多灾易灾，风灾、雪灾、水灾、旱灾、地震、泥石流等多种自然灾害频发。由于奇特多样的地形、地貌和高空大气环流的影响，形成了独特的气候。从总体上讲，气候高寒且昼夜温差大，降水少，干湿季分明，风沙大、风季长，少数地区大风季节达半年之久；空气稀薄，气压低，大气含氧量只有平原地区的60%左右；日照充分，辐射强，全区平均年日照数3000多小时，拉萨全年日照数达3201小时。全区总的气候趋向是西北严寒干燥，东南温暖湿润。如在藏北高原1月平均气温-20℃—10℃，7月平均气温10℃以下，年平均降水量在200毫米以下。西藏是藏传佛教的发源地，藏族等少数民族占91%以上。

（二）经济社会发展状况

西藏地处高原，人均耕地少，生产力水平低，经济社会发展与其他省市区相比，不仅存在发展水平上的差距，而且存在发展阶段上的差距。一是产业结构不尽合理。传统的农牧业和粗放的生产经营方式仍占据主导地位，工业基础薄弱。二是市场体系不完善。市场发育程度低，市场替代过程缓慢，农牧民仍然保留着传统到近乎原始的生产生活习惯，市场观念淡薄，商品意识差。三是社会事业发展滞后。农牧区教育、科技、文化、卫生等社会公共事业发展滞后，全区属于中央唯一确定的集中连片贫困省区，贫困面广、贫困程度深、贫困人口比例大。同时，由于人多地少，农牧民人口素质偏低、技能缺乏，难以通过外出打工等劳动力转移增加收入，农牧民脱贫致富难度大。

西藏经济社会长期处于社会主义初级阶段的低层次上。自2001年中央第四次西藏座谈会后，按照中央确定的跨越式发展和长治久安目标，西藏走上了“中国特色、西藏特点”的发展快车道。由于特殊的地理环境和历史原因，西藏经济社会发展面临严峻挑战。西藏发展与全国发展的差距仍然较大，经济基础薄弱，基础设施不足，防灾减灾能力低，市场开发条件差，环境承载能力脆弱，科技和人才支撑能力匮乏，基本公共服务水平较低，城乡居民特别是农牧民生活水平还不高，人民日益增长的物质文化需要同落后的社会生产之间的矛盾仍然是西藏的社会主要矛盾。社会大局保持稳定，但反分裂斗争依然尖锐复杂，还存在着各族人民同分裂势力之间的特殊矛盾，反对分裂、维护社会稳定任务艰巨，斗争长期、尖锐而复杂。

（三）财政状况

一是收入基数小、增长速度快。2014年西藏一般公共预算收入完成124亿元，比上年增长30.8%。二是非税比重高、收入质量差。2014年西藏非税收入完成38.4亿元，占一般公共预算收入的31%。三是支出增幅大、人均水平高。2014年西藏一般公共预算支出完成1185亿元，比上年增长16.9%，人均支出39070元，位于全国前列。四是中央补助多、依赖程度高。2014年中央补助西藏收入1035亿元，相当于自治区当年GDP的111.9%，比上年增长14.7%，财政自给率为10.5%。

三　决定西藏成本差异的主要因素分析

西藏地处我国西南边陲，是我国自然与社会经济条件最特殊的地区，这里是全国乃至世界海拔最高、空气最为稀薄、生态环境十分脆弱的地区，同时也是我国民族聚居程度最高、社会发育程度相对较低、经济发展相对滞后且远离中心市场的一个省级行政区域。在这种特殊的自然与社会经济环境作用下，西藏要取得与我国其他地区相当的经济收益就需要付出更多的成本。因此了解、分析西藏的发展成本，有助于正确理解和认识西藏经济发展的特殊性和困难性，客观评价西藏经济与社会发展的效益，合理制定符合西藏区情的发展战略。西藏的管理、服务和生产成本总体上高于全国的平均水平在学术界和决策层已经成为共识。但是西藏总体发展成本和国民经济主要行业的主要生产成本是多少、与其他地区相比到底有多大差异、区内不同地方的成本差异如何、造成这种差异的主要原因何在等，都是迫切需要深入研究的问题。而目前国内及西藏自身进行系统研究得较少，从加强财政管理和完善转移支付制度看，加强成本差异研究是深化预算管理改革的现实需要。

（一）区际物价的巨大差异

现阶段西藏的总体物价还处于相对较高的水平，等量的货币在西藏的含金量远不及发达地区，表现出不等量的购买力水平。众所周知，区际物价差异对一个地区的经济发展成本产生着巨大的影响，在同一市场机制和同一货币体系中，物价水平相对较高的地区在购买同一商品和服务的时候，就需要比物价相对较低地区付出更多的收入，要得到同样的经济增长，就需要投入更多的货币或劳务。当然，随着西藏各项事业的不断发展，西藏与发达地区间存在的巨大物价差异一直有不断缩小的趋势。但是，由于西藏特殊的地理位置不可改变，西藏多数工业和生活用品长期依靠千里之外的其他区域市场的状况也难以改变。这就是说，西藏物价居高不下这一因素，不仅难以抗拒，而且将长期存在。今后在计量西藏的投入产出、GDP 和人民的实际生活水平时应考虑区际物价差异。

（二）高海拔导致的效率差异

西藏自治区位于青藏高原的腹地，平均海拔在 4000 米以上，科学试验表明，在这样的高海拔地区，大气中所含的氧气只有平原地区的 60% 左右。即便是在西藏人口集中、海拔高度相对较低的拉萨市，其海拔高度也在 3650 米以上，大气中所含的氧气在夏季不足平原地区的 70%，而在冬季，氧气的含量更是只有平原地区的 60% 左右。高寒缺氧导致的最显著后果就是油、汽、煤、柴等能源材料燃烧不充分，使用燃气、燃油和燃煤等动力设备的机械功率大幅度下降。比如，汽车要做与平原地区同样的功，就需要比平原地区多消耗 30% 以上的能源。作为生产力的第一要素——人的体力在西藏这样的高海拔地区也受到严重影响，科学结论证明，在拉萨市，即便空手徒步，所付出的体能代价相当于在平原地区负重 10 公斤行路，在拉萨市工作 8 小时所付出的体能代价相当于在平原地区工作 11 小时。①

（三）被忽略的折旧率差异

由于自然条件的重大差异，西藏的固定资产磨损速度显著快于其他地区，使用寿命明显短于其他地区，这就造成了西藏的固定资产实际折旧速度大大快于其他地区。由于固定资产折旧是成本的一个重要构成部分，折旧率差异就形成了西藏与其他区域成本差异的一个重要

---

① 数据来源于 2009 年中国藏学研究中心发布的《西藏经济社会发展报告》。

部分。需要指出的是，在现行统计制度下，西藏的国民经济核算中使用的是全国统一的折旧率标准，这就意味着对西藏经济发展成本在一定程度上的低估。

根据有关机构对各产业部门的典型调查和研究显示，在海拔3500米以上的地区，因难以抗拒甚至是不可抗拒的自然原因，多数固定资产的折旧速度要比平原地区高25%—30%，最直观的是道路和机械设备的折旧。一台能在平原地区正常行驶10万公里的轿车，即便是在拉萨市这样道路条件相对较好的地区，最多也只能行驶7万公里左右。此外，西藏居民的平均期望寿命要比其他地区低出许多。根据相关的统计资料，20世纪50—80年代出生的西藏居民的平均生存周期比全国平均水平少10年左右。根据最新的测算结果，2002年新出生的西藏居民，其平均生存周期仍比全国平均水平少5年以上（2002年全国的平均期望寿命为71.4岁，西藏为65.31岁）。由此可见，在西藏这样生存条件极为恶劣的地区，不要说固定资产的折旧，就是人的折旧速度也明显高于全国其他地区。①

（四）高昂的管理成本

从历年统计数据分析，在构成国民经济的三次产业中，以服务业为主的西藏第三产业的发展成本与全国平均水平的差异最大，在西藏第三产业的GDP构成中，有一半多的产值贡献来自教育、卫生和国家机关。当然，就人口规模和GDP总量而言，西藏的行政事业单位和公务员队伍显得有些庞大。对于这个问题应该从两个方面加以认识，一方面，政府部门可能存在精减人员、压缩机构的潜力，工作效率也有提升的空间；另一方面，西藏的社会发育程度低，商业服务业尚不发达，各种市场中介组织仍在孕育中，市场配置资源作用不明显，在这种情况下，第三产业中凸显政府公共服务业应该是一种正常情况。并且由于西藏地处边境，与国家政治中心距离遥远，交通手段单一，一位公务员参加一次全国性会议的正常差旅支出也要超过1万

---

① 数据来源于《西藏与内地区域发展成本差异比较》，《财经科学》2011年总第283期。

元，这样的管理成本也是正常的。应该看到，今后很长时期内西藏必须保留一支相对庞大和高效的公务员队伍，以保障国家机器能在这样一个人文和自然环境均非常特殊的地区得到正常运转。换言之，西藏的行政管理成本长期居高不下的现象还将存在下去。

四　引入成本差异系数，构建成本差异模型

通过对西藏县级财政支出需求中成本差异的测量，构建县级财政支出成本差异系数，以进一步完善西藏的一般性转移支付分配方法。

（一）影响财政支出需求的因素

如果公共服务针对的是特定的人群，人口混合的差异将产生公共支出需求的差异。此时，一般性转移支付就应当考虑财政支出需求。事实上，主要的公共服务例如教育、健康和福利都是针对特定的人群。不同的地区由特定的人口构成，因此要针对所有地区的特定人群提供可比水平的公共服务。在这种情况下，应考虑两个方面的差异：一是在国家平均的税率水平下筹集收入能力的差异；二是地区提供国家平均水平的、针对特定人群的公共服务的支出需求差异。如果公共服务在本质上有很大的不同，那么设计一个支出需求基础的一般性转移支付系统是很复杂的。

影响财政支出需求或者说提供标准水平公共服务的决定因素有两个：一个是影响财政支出的需求因素，另一个是影响单位价格的成本因素。从财政支出需求因素来看，除了国防支出之外，大部分公共服务都是针对特定的人口，地区间的人口构成不同，针对特定人群的公共支出需求也就不同，例如老年人，如果一个地方的老龄人口比重大，该地方政府将面临更高的支出需求——用于健康保健服务，照顾老年人以及向养老金领取者提供能源、水、交通等基础设施；又如适龄儿童和青年，如果一个地方的年轻人多，那么该地方政府将面临更大的教育支出需求。诸如此类的因素还有病人、残疾人、失业人员

等。从成本因素来看，提供特定水平公共服务的成本是不同的。由于地区间自然禀赋和社会经济发展水平不同，各地区政府提供相同数量和质量的公共服务所需的单位价格或成本因素是有差异的。例如高寒地区冬季取暖期长，相应的取暖补助就多一些；山区交通费用要比平原高一些。诸如此类的因素还有工资成本、交通成本、人口密度以及其他因素。这两个因素共同作用的结果是不同的地区要求不同的人均支出量。

而与成本差异相关的因素也是多种多样的。它既有直观感觉影响成本的因素，例如气候（雪天、暴雨），人口密度、城市人口密度，自然灾害发生次数（洪水、地震），地理位置（边远地区、山区或沙漠地区）；又有一些并不明显的影响成本的因素，如公共基础设施（例如自然保护区）占有土地面积，发展水平指标；还有与一般公共服务相关的因素（例如电力消费量，电话线数量）以及与特定公共服务相关的因素（道路长度和路状，环境和野生动物保护设施，灌溉和排水设施，防火设施，沿边设施等）。

有些因素与地区特殊情况有关。在公式化转移支付制度中，一些特殊的城市、地区不适合使用这些公式。例如，首都、首府所在地等这类特殊城市往往负担更多的支出职责；拥有丰富自然资源的地区，在公式中所使用的社会经济指标与支出需求的现实状况是不适应的；军事基地、国防设施等也都存在类似的情况。在使用公式化转移支付时必须对这些特殊的地区加以考虑。

当然，这些指标与转移支付的重要相关程度取决于地方政府在提供服务方面所起的作用。例如，如果是由中央政府或私人部门提供健康护理，那么总人口中婴儿或老人所占比例就与转移支付的设计是不相关的。

以下是澳大利亚、中国、德国、印度、瑞士和巴西六国均等化转移支付选取的支出因素（见表1）。①

① 李万慧：《对我国一般性转移支付支出需求因素的探讨》，《辽宁师范大学学报》（社会科学版）2008年第4期。

表 1　　　　国家间均等化方案中的支出因素选择

差异因素	澳大利亚	中国	德国	印度	瑞士	巴西
支出需求因素						
人口	√	√	√	√	√	√
人口比例的倒数	√					
人口密度			√			
人口分布	√			√	√	
特定人口占总人口的比重	√					
性别	√					
计划生育措施				√		
低收入家庭和个人	√					
社会保险受益人	√					
低英语熟练程度补贴	√					
非官方语言背景	√					
学生数	√	√				
识字率				√		
人道主义移民	√					
普通从业人员数量						
土著或少数民族人口	√	√				
城市人口	√		√			
边远地区人口	√					
农业人口		√				
成本因素						
地理面积（例如山区、荒漠、可耕地等）	√	√		√	√	√
温度、降雨量、土壤等	√	√		√		
自然灾害	√					
边境地区和革命老区		√				
道路长度	√	√				
次级路面的比例	√	√				

续表

差异因素	澳大利亚	中国	德国	印度	瑞士	巴西
成本因素						
地区公路的弯道因素	√					
桥梁、涵洞和隧道面积	√					
港口设施			√			
政府单位数量		√				
地市县数量		√				√
行政单位平均工资		√				
非政府单位平均工资	√					
平均有效出租率	√					
公务车辆数		√				
单车燃油量		√				
汽油价格		√				
车辆磨损系数		√				
地区人均取暖费标准支出		√				
电力比率及成本	√					
上网价格	√					
三分钟通话费的平均价格	√					
50 公斤货物的运输价格	√					
单程经济舱平均机票价格（国内）	√					
商业场所数量	√					
住宅区数量	√	√				
拥有第一套住宅的人数	√					
公园游客数量	√					

以下是工业化国家均等化转移支付分项需求的衡量（见表2）。

表 2　　分项财政需求的衡量

项目	财政需求指标	单位支出	调整指数的构成
教育：初级和中级	适龄人口（例如年龄 7—18 岁）	国家人均初级和中级教育支出	工资指数（WI）=部门工资水平/国家平均水平；租金成本指数（RCI）=每平方米租金/国家平均水平；残疾学生指数（SDI）=残疾学生百分比/国家平均水平；贫困家庭指数（PFI）=低收入家庭学生百分比/国家平均水平
医疗卫生	总人口	国家人均医疗卫生支出	卫生价格指数（HPI）=医疗护理成本/全国平均水平；婴儿死亡率指数（IMI）=婴儿死亡率/全国平均水平；预期寿命指数的倒数（ILEI）=国家平均预期寿命/地区预期寿命；人口密度指数的倒数（IPDI）=国家平均人口密度/地区人口密度
警察和消防	地区总人口	国家人均警察和消防支出	工资指数=部门工资水平/国家平均水平；犯罪率指数（CRI）=犯罪率/国家平均水平；火灾指数（FI）=火灾数/全国平均水平；城市化程度指数（UBI）=城市人口比例/全国平均水平
社会福利	地区总人口	国家人均社会福利支出	最低工资指数(MWI)=最低工资水平/全国平均水平；贫困指数(PVI)=低收入家庭比例/全国平均水平；老龄人口指数(OAI)=老龄人口比例/全国平均水平；失业率指数(UEI)=失业率/全国平均水平；残疾人指数(DI)=残疾人比例/全国平均水平
交通	地区道路总长度	国家人均交通支出	工资指数=部门工资水平/全国平均水平；公路等级指数(GRI)=平均公路等级/全国平均水平；降雪指数(SNI)=年降雪量/全国平均水平；人口密度指数的倒数(IPDI)=国家平均人口密度/地区人口密度
其他服务	地区总人口	国家人均其他服务支出	工资指数=部门工资水平/全国平均水平；租金成本指数=每平方米租金/国家平均水平；城市化指数=城市人口比例/全国平均水平

（二）影响地市间成本差异的因素分析

1. 地广人稀造成的支出成本差异

一是西藏各地市距首府拉萨、县市距地市、村镇距乡镇的距离远，政府服务半径大，人口密度稀，人车比例也高，加之道路较差，燃油价格持续走高，交通费、差旅费支出远高于内地。此外，受路况所限，各级政府机关用车多为丰田越野车型，购置价格昂贵，维修费用高。

二是由于地域面积大，人口居住分散，民族成分复杂，学校、医院设置分散，教育、卫生等公共服务支出成本高。尽管国家推行寄宿制学校后，学校布局大为改善，但牧区仍存在大量的马背小学，师生比例失调。农牧区合作医疗制度全面实施以来，乡镇的医疗条件虽然大有好转，但由于交通不便以及严重缺少医护人员等因素，农牧民看病就医的困难仍然存在。基层技术人才缺乏，造成国家或自治区配发的医学设备闲置。

三是由于距离远，生产材料、生活资料运输成本高，人工费用高，交通、水利、通信、沼气等基础设施建筑成本、维护费用以及干部职工的生活开支远高于内地。

2. 恶劣的自然环境造成的支出成本差异

西藏地区由于海拔高，许多干部患有高血压、心脏病、白内障、高原性红细胞增多症、鼻炎、中耳炎、咽炎、多血症、痛风、混合性高原病等多种高原性疾病，而且大病、疑难病例多，治疗时间长，且不易治愈，医疗费用开支很大。特别是阿里和那曲处于藏北高原，又被称为“生命禁区”，平均海拔在4500米以上，夏天空气中的氧含量不到平原地区的50%，冬季仅为40%，生存条件十分恶劣。近几年，阿里地区40岁以下的年轻干部非正常死亡人数近百人。此外，由于当地医疗条件差，一些简单的疾病都需要到拉萨甚至区外医治。

3. 少数民族聚居造成的支出成本差异

在少数民族聚居区，大力推进“双语”教育，尤其是“学前”双语教育是提高民族教育质量和培训“民汉兼通”少数民族人才，使其融入中华民族大家庭的关键环节。追溯到清朝末期及1965年西藏自治区成立以来，西藏全区一直进行“双语”教育，取得了巨大成就，也为西藏长期的稳定繁荣奠定了基础。

4. 维护稳定造成支出成本差异

拉萨“3·14”事件以后，为维护社会稳定、加强民族团结、强化基层组织，自治区采取了创新寺庙管理，强基础、惠民生等一系列政策措施，有力地推进了维稳力量建设，有效防范和打击了渗透破坏活动，但同时也给自治区带来了巨大的财政支出压力。

5. 环境保护造成的成本差异

西藏作为青藏高原的主体，素有“世界屋脊”和“地球第三极”之称，是我国和亚洲的“江河源”和“生态源”，是亚洲乃至北半球气候变化的“感应器”和“敏感区”，是世界上独特的生态环境地域单元。按照国家主体功能区划分，西藏共有羌塘、色林措和珠穆朗玛峰三个自然保护区被列为禁止开发区范畴，总面积 350746.3 平方公里，占辖区面积的 30%。

但目前西藏生态环境现状不容乐观：一是草场超载过牧问题突出。据 20 世纪 80 年代末统计，西藏天然草地理论载畜量为 3385 万绵羊单位，而现在实际载畜量为 4700 万绵羊单位，超载率达 38%。二是人为破坏严重。由于农村产业结构不合理，燃料、饲料和肥料短缺，一些地区过度采挖灌木、草皮等薪材做燃料。三是天然草原退化严重。据统计，目前退化的草地面积已达 4266.7 万公顷，占草地总面积的 51.6%，其中中度、重度退化面积已超过 40%，并仍以每年 3%—5% 的速度进一步退化，不仅直接造成草地生产力的持续下降，严重影响西藏的牧业发展，影响西藏和长江中下游地区的生态环境，而且也危及南亚和东南亚地区的生态安全。阿里地区对当地资源开发和环境破坏的成本进行了分析，结论是：由于资源开采技术和交通运输条件落后，经济收益微薄，而且，自然保护区是濒危野生动物赖以生存的唯一栖息地，其完整的生态体系一旦破坏，将难以恢复。

（三）西藏高海拔地区的成本差异分析

高海拔地区是指平均海拔高度在 3000 米以上的地区。西藏除了林芝地区的波密、察隅和墨脱三县外，其余 71 个县（区）均属于高海拔地区。高海拔地区生态环境大多十分脆弱，抗干扰能力低，系统结构易发生变化，功能极易被破坏。在这个高度上可使大多数人在静息状态下出现不同程度的高原反应，超过这个海拔高度人体在机能代谢上的改变更加显现，甚至出现各种病理改变。

以下具体分析西藏高海拔地区的各项影响成本差异的因素。

1. 自然因素

自然因素由地理空间分布规律的特征决定，包括地质基础、地形地貌、气候条件、水文状况、土壤及植被等。作为人类生产、生活所依存的自然空间，自然环境是一切生存与发展活动的基础，也是公共财政目标实现的基础，而自然条件的差异使得实现相同公共服务水平的成本迥异。因此在选取因素时我们重点关注了该因素对于公共财政目标实现的重要性，此外，该因素的代表性、数据的可得性、指标的可量化性、因素之间的相关性也是考察的标准。在此基础上我们选择地表起伏度、夏季气温、冬季气温、公路运距等作为自然因素的代表。

（1）地表起伏度。

地表起伏度描述的是区域内海拔高度和地表切割度的差异程度，而海拔差异程度的上升会加大道路建设等基础设施完善的难度，进而增加区域内生产资源和生活资源的流通成本，这使得提供公共服务的财政支出成本提高。

一是高海拔对车辆燃料费和修理费的影响。高海拔下，由于空气浓度较低，车辆燃烧和使用都会受到影响。汽车不能充分燃烧，因此每百公里的耗油量会高于平原地区，耗油量会随着海拔的增加而增加。而且汽车本身的消耗磨损程度也要大大高于低海拔地区，因此，它的修理频率也要大大高于平原地区，汽车的损耗也会随着海拔的增加而增加。

二是高海拔对工程造价的影响。在高海拔地区施工，将会使人体劳动能力及机械效能下降，日工作时间缩短，比在平原地区施工投入的人力、机械数量增加，工程造价亦大幅度增加。根据国家建筑规范标准，海拔 4001—5000 米的地区，人工乘系数 1.17，机械乘系数

1.29，加大了建筑成本。在西藏，由于气候寒冷，每年到 11 月中旬，区内所有的工程项目一律停工，直到下一年的 4 月初才重新开工，使得工程建设的施工期短，工程造价高。同时需要采取保温措施，加大墙体厚度以及管道埋藏深度等。据测算，达到同样的质量要求，高寒地区比一般地区的工程造价要高 20% 左右。西藏基本属高海拔地区，由于高寒缺氧、阳光辐射强、昼夜温差大等原因，建筑物等的易损程度高、使用寿命短，许多房屋建成的第二年就得进行维修、维护。

（2）夏季气温。

西藏夏季气温宜人，受炎热气温影响小。但从地区特殊情况看，气温越低则生产、生活的成本也相应越高，在能源短缺的背景下，夏季气温过低的地区，需要经常采取升温等能源消耗措施，从而导致部分生产活动的停止，也影响人们的正常生活。因此，夏季气温与地区间公共支出成本呈负相关关系。

（3）冬季气温。

冬季的寒冷在很大程度上约束了生产活动，此外，冬季气温还影响农作物的生长周期，对人们的出行、居住条件也产生较大影响。高海拔地区年平均气温低，冰雪期长，需要的取暖费高，而平原地区需要的取暖费低甚至不需要取暖费。因此，冬季气温与地区间公共支出成本呈负相关关系。

（4）公路运距。

地域面积直接影响到人口密度、行政区划、公共服务设施受益系数、单位投入产出效率等。一般来说，地域面积越大，行政区域设置就越多、公共设施受益系数就越小、单位投入产出就越低，从而加大国家机关正常运转费用、抬高公共服务设施成本、降低单位投入产出效率。西藏地处我国西南边陲，远离国家的首都，同时西藏也是我国面积最大的省区之一。由于西藏远离国家首都，国土面积大，地市距首府拉萨的距离、县市距地市的距离、乡镇距县市的距离、村镇距乡镇的距离要比其他省区远得多，加之道路较差，政府人员外出工作车辆的损耗、油料的消耗、差旅费等费用很高，形成大量运输成本特殊支出。在西藏这样一片广袤的土地上，其需要设置的行政区域的密度和行政区域间的相对距离，是全国其他地区所不可比拟的。在西藏，区内县与所辖乡之间的最长公路距离达240公里，从拉萨到阿里的距离，相当于从北京到广州的距离。在这样的一个地区履行公共职能，要设置的乡镇数量及配备的财政供养人员远多于全国其他地区，政府的服务半径之大，其行政成本之高，必然要大大高于全国其他地区。

2. 经济因素

经济因素是政府财政支出成本的重要影响因子，也是公共财政支出的主要目标之一。经济因素包括基础设施、人均产出、收入、物价等。公共财政的目标是使各地区人民享受相同水平的公共服务，因此我们在选取经济因素时充分考虑了该因素与公共服务水平的相关性，此外该因素的代表性、数据可得性等也是因素选取的重要标准。在此基础上我们选择交通密度、物价指数和人口密度作为经济因素的代表。

（1）交通密度。

交通密度描述的是地区道路交通发展的程度，交通密度是衡量基础设施的重要因素，交通发展水平也是人民享受公共服务水平的一个重要体现，交通密度较低的地区通常其自然条件比较恶劣。因此，交通密度与地区间公共支出成本呈负相关关系。截至2014年年底，全国的公路密度为46.5公里/百平方公里，西藏只有16.3公里/百平方公里①，仅为全国平均水平的35%。由于交通密度低，且公路等级低，全路保通率不高，路网互通不均衡，相关公共支出成本很高。

（2）物价指数。

物价水平与提供公共产品之间联系密切，要实现相同的公共服务水平，物价高的地区其成本也比较高，即财政支出较高。因此，物价指数与地区间公共支出成本呈正相关关系。西藏80%的生活资料和90%的生产资料依靠区外市场供给，导致西藏的物价水平远高于其他地区平均水平②。

---

① 西藏面积为122.84万平方公里，根据自治区交通厅《2014年西藏自治区公路统计年报说明》，2014年年底西藏公路通车总里程为75469.5公里。

② 据中国藏学研究中心2009年《西藏经济社会发展报告》，西藏的物价水平高于全国平均水平约50%。

（3）人口密度。

人口密度是指常住人口的密集程度，人口密度高对本地区城镇化发展、城镇化产业和人力资本的集中都会产生正面影响，从而形成规模效益。公共产品的非排他性，决定了享受公共产品的人越多，公共产品的供给效益就越好。因此，公共产品的消费也有一个规模效应。但在人口密度较低的地区，公共产品受益人员少，难以发挥其应有的效果，会直接导致公共产品供给效率的低下。因此，人口密度与地区间公共支出成本呈负相关关系。在西藏，国土面积达120多万平方公里，地域辽阔，而西藏又是中国人口最少、人口密度最小的省区。2013年年末人口为312.04万，人口密度2.54人/平方公里，只有全国平均数的1/56①。人口分布很不平衡，人口最稠密的拉萨地区人口密度也才达到19人/平方公里以上。在阿里地区、藏北那曲地区，人口特别稀少，往往百里不见人烟，羌塘草原北部甚至被称为“无人区”。在如此低的人口密度条件下，公共服务难以形成规模效益。

（四）各县（区）成本差异系数的测量

根据各项因素的可获得性和影响程度，我们选取了人口密度、面积、海拔、温度、运距和路状等因素作为测算各县（区）成本差异系数的组成。

1. 成本差异系数的计算方法

根据所选因素与相关支出的关系以及这些因素对支出成本的影响权重，我们将支出成本差异的计算公式设定如下：

支出成本差异系数=（人口规模系数×0.85+面积系数×0.15）×{艰苦边远系数×人员经费占该项支出比重+温度系数×取暖费占该项支出比重+海拔系数×运距系数×燃油费占该项支出比重+路况系数×车辆维修费占该项支出比重+[1-（人员经费占比+取暖费占

① 根据2014年《西藏统计年鉴》，截至2013年12月31日，全区总人口312.04万人；根据国家统计局2014年《中国统计年鉴》，截至2013年12月31日，全国总人口135404万人。

比+燃油费占比+车辆维修费占比)]}。[①]

(1) 人口规模系数。

根据西藏各县的人口数量，我们将各县人口分为5万人以下，5万—10万人和10万—30万人三档。以10万—30万人的人口规模系数设定为1，其余两档的人口规模系数分别为3.21和1.91（见表3）。

表3　人口规模系数

人口分档	规模系数	档次
5万人以下	3.21	1
5万—10万人	1.91	2
10万—30万人	1.00	3

(2) 面积系数。

我们将各县以人口密度分为100人/平方公里以下、100—200人/平方公里和200—500人/平方公里三档。以200—500人/平方公里的面积系数设定为1，其余两档的面积系数分别为2.05和1.35（见表4）。西藏绝大部分县的人口密度都很低，除了城关区人口密度每平方公里在200人（第三档）以上外，其余县均在第一档，故第二档空缺。[②]

表4　面积系数

人口密度分档	面积系数	档次
100人/平方公里以下	2.05	1
100—200人/平方公里	1.35	2
200—500人/平方公里	1.00	3

① 公式系数沿用了《2010年中央对地方均衡转移支付办法》中人口规模系数0.85及面积系数0.15，同时结合实际，由于西藏都是民族地区，故未考虑民族系数因素。

② 根据《中央对地方均衡性转移支付办法》，转移支付资金分配选取影响财政收支的客观因素，适当考虑人口规模、人口密度、海拔、少数民族、温度等成本差异因素。

（3）取暖费。

我们将各县冬季温度分成三个档，分别为-20℃—-5℃、-5℃—5℃以及5℃以上（见表5）。取暖费系数=档内人均实际取暖费/各县人均实际取暖费。

表5　　温度对取暖费影响程度

冬季温度分档	各档起点	档内县个数	人均实际取暖费	调整后取暖费标准	取暖费系数	档次
			445	445		
-20℃—-5℃	-20	26	830	830	1.87	1
-5℃—5℃	-5	46	290	415	0.93	2
5℃以上	5	2	340	110	0.25	3

（4）海拔对燃料费的影响。

我们将各县海拔高度分为四档，分别为500—1500米、1500—2500米、2500—3500米和3500—5000米（见表6）。海拔对燃料费影响系数=档内实际人均燃料费/各县实际人均燃料费。2014年各县人均燃料费为1794元。从各档海拔与人均燃料费的关系来看，呈现出明显的正相关性，即随着海拔的升高，燃料费也相应增加，海拔对燃料费影响系数从第一档的0.45渐次上升到第四档的1.02。

表6　　海拔对燃料费影响程度

海拔分档	各档起点	档内县个数	档内人均燃料费	计算系数	档次
			1794		
500—1500米	500	1	812	0.45	1
1500—2500米	1500	1	1514	0.84	2
2500—3500米	2500	10	1740	0.97	3
3500—5000米	3500	62	1821	1.02	4

（5）运距对燃修费的影响。

在测算运距对燃修费的影响时，我们主要考虑了两个因素：

其一，西藏各地（市）所在地距首府拉萨的距离；其二，西藏各县所在地距地（市）所在地距离与各省（市）、县（区）所在地距地（市）所在地平均距离的差距。运距对燃修费的影响系数 = 县至所在地（市）的距离（县地距离）× a + 地（市）至拉萨的距离（地省距离）× b。其中，a 和 b 为调节系数。各县（区）运距系数测算情况见表 7。

表 7　各县（区）运距系数

县	县地距离	地省距离	运距影响燃修费	县	县地距离	地省距离	运距影响燃修费
林周县	75	0	0.3547	谢通门县	214	260	1.4308
当雄县	123	0	0.5816	白朗县	49	260	0.6505
尼木县	132	0	0.6242	仁布县	117	260	0.9721
曲水县	62	0	0.2932	康马县	134	260	1.0525
堆龙德庆县	12	0	0.0567	定结县	173	260	1.2369
达孜县	23	0	0.1088	仲巴县	534	260	2.9439
墨竹工卡县	69	0	0.3263	亚东县	262	260	1.6577
卡若区	0	763	1.2291	吉隆县	408	260	2.3481
江达县	150	763	1.9384	聂拉木县	369	260	2.1637
贡觉县	144	763	1.9100	萨嘎县	411	260	2.3623
类乌齐县	68	763	1.5507	岗巴县	137	260	1.0667
丁青县	182	763	2.0897	那曲县	0	255	0.4108
察雅县	83	763	1.6216	嘉黎县	223	255	1.4653
八宿县	192	763	2.1370	比如县	187	255	1.2950
左贡县	215	763	2.2458	聂荣县	86	255	0.8174
芒康县	247	763	2.3971	安多县	118	255	0.9688
洛隆县	189	763	2.1228	申扎县	401	255	2.3070
边坝县	309	763	2.6903	索县	193	255	1.3234
乃东县	0	105	0.1691	班戈县	227	255	1.4842
扎囊县	49	105	0.4008	巴青县	219	255	1.4464

续表

县	县地距离	地省距离	运距影响燃修费	县	县地距离	地省距离	运距影响燃修费
贡嘎县	88	105	0.5853	双湖县	521	255	2.6631
桑日县	29	105	0.3063	尼玛县	453	255	2.5529
琼结县	25	105	0.2874	普兰县	297	1274	3.4567
曲松县	57	105	0.4387	札达县	136	1274	2.6954
措美县	110	105	0.6893	噶尔县	0	1274	2.0523
洛扎县	167	105	0.9588	日土县	127	1274	2.6528
加查县	98	105	0.6326	革吉县	108	1274	2.5630
隆子县	127	105	0.7697	改则县	429	1274	4.0809
错那县	159	105	0.9210	措勤县	613	1274	4.9509
浪卡子县	182	105	1.0298	巴宜区	0	387	0.6234
桑珠孜区	0	260	0.4188	工布江达县	142	387	1.2949
南木林县	108	260	0.9295	米林县	76	387	0.9828
江孜县	92	260	0.8539	墨脱县	127	387	1.2240
定日县	252	260	1.6105	波密县	194	387	1.5408
萨迦县	121	260	0.9910	察隅县	450	387	2.7513
拉孜县	142	260	1.0903	朗县	225	387	1.6874
昂仁县	187	260	1.3031	城关区	0	0	0.0000

2. 各县（区）成本差异系数

根据以上成本差异系数的情况，对全区各县（区）成本差异系数进行了测算。各县（区）成本差异系数计算结果见表8。

表8　　各县（区）成本差异系数

县	成本差异系数	县	成本差异系数	县	成本差异系数
林周县	4.79	洛扎县	7.79	比如县	4.83
当雄县	7.78	加查县	7.76	聂荣县	7.79
尼木县	7.77	隆子县	7.77	安多县	7.80
曲水县	7.74	错那县	7.80	申扎县	7.89

续表

县	成本差异系数	县	成本差异系数	县	成本差异系数
堆龙德庆县	7.73	浪卡子县	7.79	索县	7.83
达孜县	7.73	桑珠孜区	2.71	班戈县	7.84
墨竹工卡县	7.75	南木林县	4.81	巴青县	7.83
卡若区	4.82	江孜县	4.81	尼玛县	7.91
江达县	4.85	定日县	4.85	双湖县	7.93
贡觉县	7.85	萨迦县	4.81	普兰县	7.97
类乌齐县	7.84	拉孜县	4.82	札达县	7.92
丁青县	4.86	昂仁县	4.82	噶尔县	7.87
察雅县	4.83	谢通门县	7.82	日土县	7.91
八宿县	7.85	白朗县	7.77	革吉县	7.91
左贡县	7.87	仁布县	7.79	改则县	8.01
芒康县	4.87	康马县	7.79	措勤县	8.06
洛隆县	7.86	定结县	7.82	巴宜区	7.76
边坝县	7.90	仲巴县	7.92	工布江达县	7.81
乃东县	4.78	亚东县	7.82	米林县	7.78
扎囊县	7.75	吉隆县	7.89	墨脱县	7.79
贡嘎县	4.80	聂拉木县	7.87	波密县	7.82
桑日县	7.74	萨嘎县	7.88	察隅县	7.90
琼结县	7.74	岗巴县	7.81	朗县	7.83
曲松县	7.75	那曲县	4.80	城关区	2.48
措美县	7.78	嘉黎县	7.84		

如果以城关区作为对比对象，则其余各县较城关区的成本差异系数构成见表9。

表9　各县（区）成本差异系数（以城关区为1）

县	成本差异系数	县	成本差异系数	县	成本差异系数
林周县	1.93	洛扎县	3.14	比如县	1.95
当雄县	3.13	加查县	3.13	聂荣县	3.14

续表

县	成本差异系数	县	成本差异系数	县	成本差异系数
尼木县	3.13	隆子县	3.13	安多县	3.14
曲水县	3.12	错那县	3.14	申扎县	3.18
堆龙德庆县	3.11	浪卡子县	3.14	索县	3.15
达孜县	3.11	桑珠孜区	1.09	班戈县	3.16
墨竹工卡县	3.12	南木林县	1.94	巴青县	3.16
卡若区	1.94	江孜县	1.94	尼玛县	3.18
江达县	1.95	定日县	1.95	普兰县	3.21
贡觉县	3.16	萨迦县	1.94	札达县	3.19
类乌齐县	3.16	拉孜县	1.94	噶尔县	3.17
丁青县	1.96	昂仁县	1.94	日土县	3.19
察雅县	1.95	谢通门县	3.15	革吉县	3.19
八宿县	3.16	白朗县	3.13	改则县	3.23
左贡县	3.17	仁布县	3.14	措勤县	3.25
芒康县	1.96	康马县	3.14	巴宜区	3.13
洛隆县	3.17	定结县	3.15	工布江达县	3.15
边坝县	3.18	仲巴县	3.19	米林县	3.13
乃东县	1.92	亚东县	3.15	墨脱县	3.14
扎囊县	3.12	吉隆县	3.18	波密县	3.15
贡嘎县	1.93	聂拉木县	3.17	察隅县	3.18
桑日县	3.12	萨嘎县	3.17	朗县	3.15
琼结县	3.12	岗巴县	3.15	城关区	1.00
曲松县	3.12	那曲县	1.93		
措美县	3.14	嘉黎县	3.16		

五 以2014年均衡性转移支付分配为例分析的各县区成本差异

（一）2014年西藏均衡性转移支付分配情况

为切实缓解各地、县财政支出压力，保障县、乡政府实施公共管理，提供基本公共服务以及落实各项民生政策的基本财力需要，改善县级财力均衡度，2014年，自治区财政统筹财力安排对地、县均衡性转移支付120.76亿元。在资金分配中自治区财政按照中央、自治区深化财税体制改革要求，进一步健全财政转移支付制度，对高寒地区、偏远地区、边境地区、贫困地区倾斜，进一步完善了均衡性转移支付制度，在资金分配方面按照科学精细、重视基础、保障基层的原则，进一步加大高寒、偏远、边境、贫困地区特殊因素分配权重，适度提高这些地区均衡性转移支付分配量（见表10）。

表10　2014年各县（区）均衡性转移支付资金分配成本差异系数

县	成本差异系数	县	成本差异系数	县	成本差异系数
林周县	1.23	洛扎县	1.20	比如县	1.51
当雄县	1.39	加查县	1.16	聂荣县	1.83
尼木县	1.30	隆子县	1.44	安多县	1.77
曲水县	1.24	错那县	1.39	申扎县	1.73
堆龙德庆县	1.16	浪卡子县	1.48	索县	1.50
达孜县	1.20	桑珠孜区	1.27	班戈县	1.75
墨竹工卡县	1.18	南木林县	1.63	巴青县	1.47
卡若区	1.30	江孜县	1.56	尼玛县	1.71
江达县	1.30	定日县	1.57	普兰县	1.66
贡觉县	1.29	萨迦县	1.55	札达县	1.48
类乌齐县	1.33	拉孜县	1.61	噶尔县	1.61
丁青县	1.29	昂仁县	1.63	日土县	1.72
察雅县	1.29	谢通门县	1.33	革吉县	1.55

续表

县	成本差异系数	县	成本差异系数	县	成本差异系数
八宿县	1.33	白朗县	1.53	改则县	1.79
左贡县	1.28	仁布县	1.52	措勤县	1.81
芒康县	1.38	康马县	1.59	巴宜区	1.26
洛隆县	1.30	定结县	1.53	工布江达县	1.29
边坝县	1.28	仲巴县	1.82	米林县	1.31
乃东县	1.20	亚东县	1.32	墨脱县	1.63
扎囊县	1.29	吉隆县	1.56	波密县	1.27
贡嘎县	1.25	聂拉木县	1.71	察隅县	1.33
桑日县	1.14	萨嘎县	1.92	朗县	1.36
琼结县	1.24	岗巴县	1.67	城关区	1.00
曲松县	1.16	那曲县	1.81		
措美县	1.36	嘉黎县	1.51		

（二）进一步完善成本差异系数

通过对成本差异模型构建的成本差异系数与实际分配成本差异系数的分析来看，在实际分配中引入的因素还不太完善，虽然在实际分配中需考虑很多现实情况，但与构建的成本差异模型考虑的因素结合还远远不够，需要我们在实际工作中进一步完善。

表 11　　　　各县（区）成本差异系数差异比较

县（区）	表9	表10	差额	县（区）	表9	表10	差额	县（区）	表9	表10	差额
林周县	1.93	1.23	0.70	洛扎县	3.14	1.20	1.94	比如县	1.95	1.51	0.44
当雄县	3.13	1.39	1.74	加查县	3.13	1.16	1.97	聂荣县	3.14	1.83	1.31
尼木县	3.13	1.30	1.83	隆子县	3.13	1.44	1.69	安多县	3.14	1.77	1.37
曲水县	3.12	1.24	1.88	错那县	3.14	1.39	1.75	申扎县	3.18	1.73	1.45
堆龙德庆县	3.11	1.16	1.95	浪卡子县	3.14	1.48	1.66	索县	3.15	1.50	1.65
达孜县	3.11	1.20	1.91	桑珠孜区	1.09	1.27	-0.18	班戈县	3.16	1.75	1.41
墨竹工卡县	3.12	1.18	1.94	南木林县	1.94	1.63	0.31	巴青县	3.16	1.47	1.69
卡若区	1.94	1.30	0.64	江孜县	1.94	1.56	0.38	尼玛县	3.18	1.71	1.47
江达县	1.95	1.30	0.65	定日县	1.95	1.57	0.38	普兰县	3.21	1.66	1.55

续表

县（区）	表9	表10	差额	县（区）	表9	表10	差额	县（区）	表9	表10	差额
贡觉县	3.16	1.29	1.87	萨迦县	1.94	1.55	0.39	札达县	3.19	1.48	1.71
类乌齐县	3.16	1.33	1.83	拉孜县	1.94	1.61	0.33	噶尔县	3.17	1.61	1.56
丁青县	1.96	1.29	0.67	昂仁县	1.94	1.63	0.31	日土县	3.19	1.72	1.47
察雅县	1.95	1.29	0.66	谢通门县	3.15	1.33	1.82	革吉县	3.19	1.55	1.64
八宿县	3.16	1.33	1.83	白朗县	3.13	1.53	1.60	改则县	3.23	1.79	1.44
左贡县	3.17	1.28	1.89	仁布县	3.14	1.52	1.62	措勤县	3.25	1.81	1.44
芒康县	1.96	1.38	0.58	康马县	3.14	1.59	1.55	巴宜区	3.13	1.26	1.87
洛隆县	3.17	1.30	1.87	定结县	3.15	1.53	1.62	工布江达县	3.15	1.29	1.86
边坝县	3.18	1.28	1.90	仲巴县	3.19	1.82	1.37	米林县	3.13	1.31	1.82
乃东县	1.92	1.20	0.72	亚东县	3.15	1.32	1.83	墨脱县	3.14	1.63	1.51
扎囊县	3.12	1.29	1.83	吉隆县	3.18	1.56	1.62	波密县	3.15	1.27	1.88
贡嘎县	1.93	1.25	0.68	聂拉木县	3.17	1.71	1.46	察隅县	3.18	1.33	1.85
桑日县	3.12	1.14	1.98	萨嘎县	3.17	1.92	1.25	朗县	3.15	1.36	1.79
琼结县	3.12	1.24	1.88	岗巴县	3.15	1.67	1.48	城关区	1.00	1.00	0
曲松县	3.12	1.16	1.96	那曲县	1.93	1.81	0.12				
措美县	3.14	1.36	1.78	嘉黎县	3.16	1.51	1.65				

通过以上分析和对比（见表11），从现行的以因素分配为主的均衡性转移支付看，除以基准的城关区外，以要素分配和引入成本差异系数分配的均衡性转移支付，均存在较大差距。以情况基本近似的昌都市卡若区和日喀则市桑珠孜区为例，以因素分配考量，昌都市卡若区分配系数为1.94，日喀则市桑珠孜区仅为1.09，相差0.85；以区域成本差异系数考量，昌都市卡若区分配系数为1.30，日喀则市桑珠孜区为1.27，仅差0.03，非常接近，可以从侧面考证成本差异系数分配的科学性、公平性。现行转移支付分配与成本差异、区域实际结合不够。

六　基本结论

由于各地区存在自然、经济和社会条件差异，地区间公共事业发展成本不可能相同，在没有考虑公共事业发展成本差异的条件下，难以实现真正意义上的地方财政能力均等化，从而影响基本公共服务均等化目标的实现。

由于西藏社会事业起步晚、底子薄、起点低，甚至属于直接从农奴制过渡到现代社会，在公共基础设施、教育、卫生、农业等公共事业发展领域需要在“存量”方面“补课”。中央虽然加大了投入力度，但地方也需要配套部分资金，因而相关支出需求甚至高于东部地区。因此，在相关标准支出测算中，不仅要考虑各年当年支出，即“增量”的均等化，而且也要逐步将“存量”的差距补齐。在下一步研究转移支付制度过程中，应进一步改进支出成本差异系数，需要在选取相关因素定性分析的基础上，通过统计学定量分析的方法完善成本差异系数测算。同时，西藏在制定发展战略时应充分考虑机会成本的差异，遵循比较利益的原则，合理确定地区或产业的发展战略。在完善转移支付分配时，充分考虑各县（区）成本差异。

参考文献

[1] 郭凤芝：《区域成本差异对西藏经济发展的影响——一个宏观的研究视角》，《中国藏学》2004 年第 3 期。

[2] 李万慧：《对我国一般性转移支付支出需求因素的探讨》，《辽宁师范大学学报》（社会科学版）2008 年第 31 卷第 4 期。

[3] 伏润民、常斌、缪小林：《我国地区间公共事业发展成本差异评价研究》，《经济研究》2010 年第 4 期。

[4] 罗绒战堆、樊毅斌：《西藏与内地区域发展成本差异比较》，《财经科学》2011 年第 10 期。

[5] 郑涌、袁继东：《转移支付要考虑到地区支出的成本差异——对西藏、南疆“三地州”的调查》，《预算管理与会计》2008 年第 12 期。

企业税负成本地区间差异及与宏观税负之间的关系

——基于工业企业数据计量分解的分析*

汪德华　中国社会科学院财经战略研究院
李　琼　对外经济贸易大学国际经济贸易学院

一　问题提出

1994 年税制改革之后，中国税收收入持续多年高速增长。这使得宏观税负成为学术界高度关注的话题（高培勇，2006）。[①]在整体宏观税负持续攀升的情况下，宏观税负在不同地区间存在着显著差异，也是中国财政领域的一个典型事实。按照 2010 年《全国税务统计》给出的数据，1994—2010 年，广东、浙江、贵州三省的宏观税负平均值均超过 14%，大约是河南的两倍，是江西、湖南、河北的 1.7 倍。显然，在中国税制全国统一的背景下，这种非直辖市地区间宏观税负的较大差异，在理论上是一个值得探讨的重要经济现象。在实践中，财税管理部门也已充分关注到宏观税负区域差异过大问题的严重性。如近期财政部预算司公布的《地方财政管理绩效综合评价方案》中，

---

* 本文原刊于《财贸经济》2015 年第 3 期，系中国社科院基础研究学者资助计划“财税制度对经济发展的影响及相关问题”的阶段性成果。

① 宏观税负即按照这一定义计算，各年数据均来自 2010 年《全国税务统计》。

就将区域内宏观税负的偏离度作为衡量地区财政收入质量的重要指标。①

现有文献关于中国宏观税负地区间差异的研究主要有两类：一是将宏观税负的地区间差异与区域经济发展不平衡联系起来（潘贤掌，1998；王金秀，2007）；二是将地区间宏观税负以及税收增长的差异与税收征管努力程度联系起来。自20世纪60年代开始，一些学者提出税收征管努力程度会影响税收收入的观点，并构造了税收努力指标来进行跨国比较分析（Bahl，1971，1972；Mertens，2003；Pessino and Fenochietto，2010；等等）。近年来，国内学者也开始构造分省税收努力指标，用来探讨中国税收的高速增长现象。周黎安等（2011）估计了国税和地税机构的税收努力对于税收增长的不同影响。吕冰洋、郭庆旺（2011）认为税收分权提高了税务部门的税收努力，带来了税收的高速增长。黄夏岚等（2012）通过分离税收能力和税收努力，评估了我国地区间的宏观税负差异和税收努力程度的差异。总体看来，这些基于分省数据的分析均发现：税收努力程度的变化及差异是中国税收增长及地区间宏观税负存在差异的一个重要原因。反过来说，地区间宏观税负的巨大差异，可能的原因就在于税收努力程度的不同。正是出于类似的直觉认识，实践中财税部门高度重视以宏观税负分析为切入点，来找出税收征管存在的漏洞，提高征管水平。②

本文主要侧重于宏观税负地区间差异与企业税负地区间差异之间的关系问题。地区间宏观税负的较大差异，是否意味着地区间企业税负也存在较大差异？不同地区间宏观税负的差异，与其企业税负的差异是什么关系？考虑到中国税收绝大部分由企业缴纳（高培勇，

---

① 方案要求分东、中、西三大区域计算各省的宏观产业税负偏离度，偏离度过大将扣分。财政绩效管理评分满分为100分，宏观税负偏离度分值为3分，偏离度低于5个百分点得满分。http：//yss. mof. gov. cn/zhengwuxinxi/zhengceguizhang/201404/t20140414_1067085. html.

② 国家税务总局和各省（市、区）均重视这项工作。如湖南国税总局在2006年前后在全省开展了“加强宏观税负分析，强化税收征管”的活动。http：//www. hntax. gov. cn/article_ content. jsp? articleid = 20080307013865.

2014），这些问题就值得探究。[①] 本文使用国家统计局工业企业数据库中2007年的企业数据，以江苏为基准，在充分控制企业的行业、所有制、规模、年龄、出口比重等特征变量的基础上，采用计量分解的方法来考察其他省（市、区）的企业税负与江苏是否存在显著差异，并分析企业税负省际差异与宏观税负省际差异之间的关系。需要指出的是，由于在企业税负的计量分析中，已尽可能控制了各类企业特征变量，因此省（市、区）虚拟变量的回归系数的经济含义是同样的企业在不同省（市、区）间的税负差异，而这只能是来自不同省（市、区）间的税收征管能力差异。本文以下将介绍识别地区企业税负差异的数据和方法；并通过计量分析获取各省（市、区）与江苏企业税负的差异，将其与宏观税负的省际差异进行对照分析；最后得出结论并进行讨论。

二　方法与数据

1. 企业税负地区差异的计量分解方法

为分解出企业税负的区域差异，我们选择江苏为基准省份，分别将各省（市、区）的工业企业与江苏工业企业放到一起，形成回归样本。[②] 通过设定哑变量，对每一个回归样本做计量分析，就可以获得30个省（市、区）与江苏企业税负的差异。基本的计量模型如下：

$$CT = \alpha + \beta_1 PD + \beta_2 X + \varepsilon \quad (1)$$

式（1）中，CT为企业税负，为模型的被解释变量；PD为省（市、区）哑变量（下文简称哑变量），为我们关注的主要解释变量；X为控制变量；α为常数项，β_1、β_2为待估参数，ε为误差项。企业税负CT由企业缴纳的所有税收除以企业增加值计算所得。在工业企

① 高培勇（2014）指出，2012年企业缴纳税收占全国税收的90%以上。

② 之所以选择江苏省为基准省份，主要是考虑江苏省产业结构较为完备，经济体量较大，且宏观税负水平在各省中处于中游。

业数据库中，企业缴纳的税收分别记录在主营业务税金及附加、管理费用中的税金、所得税和增值税四个部分中，我们将其加总起来获得企业缴纳的所有税收。每一个回归样本都包含了江苏的样本企业和另外一个省（市、区）的样本企业，PD 是将江苏企业取值为 0，对应省（市、区）企业取值为 1 所得。因此，β_1 即是对应省（市、区）企业税负减去江苏企业税负之差。

控制变量 X，包括企业规模、盈利能力、出口比重、人均资本、企业年龄、所有制属性以及行业属性等一系列可能影响企业税负水平的变量。企业规模，以企业销售收入的自然对数来衡量。企业规模作为企业最基本的特征，理论上关于其对企业税负的影响存在不同的观点。Siegfried（1974）的政治影响假说认为，大公司有更多的资源进行税收筹划与政治游说，因而实际税收负担较低；而 Zimmerman（1983）的政治成本假说认为，大公司受到公众关注度越高，实际税收负担也越高。盈利能力，以总资产利润率来衡量，即利润总额除以资产总额。一般说来，盈利能力越高的企业，其税负可能越高。出口比重，以出口交货值除以工业增加值来衡量。由于我国出口企业享受的税收优惠比一般普通企业多，出口占企业增加值的比重也是需要控制的重要变量。人均资本，以固定资产合计额除以全部职工人数，然后取自然对数来表示。考虑到劳动密集型企业和资本密集型企业的税负可能有所不同，增加人均资本变量为控制变量可以控制这方面的影响。企业年龄，以 2007 减去企业成立年份的数值来表示。一般说来，企业经营时间越长，其税收征管可能越严格，税负水平可能越高。

除以上变量外，我们还控制了企业的所有制属性和行业属性。在工业企业数据库中，企业的所有制类型包括国有企业、私营企业、港澳台企业、外资企业及其他五类。我们以国有企业为基准，建立企业所有制属性的虚拟变量，由此可以考察不同所有制企业相对于国有企业的税负高低。Derashid 和 Zhang（2003）认为国有股比例越高，意味着公司的游说能力越强，其实际税收负担越低。在现实中，为了吸引国际资本流入，我国给予港澳台企业和外资企业很多的税收优惠（李宗卉、鲁明泓，2004）。因此，企业的所有制属性可能会影响企业的税收负担，但究竟哪一类所有制企业的税收负担更高，需要数据的检验。

行业性的税收优惠政策在中国普遍存在，如对高科技行业的税收优惠，对涉农相关产业、民生福利性产业等的税收优惠等，因此企业的行业属性对企业税负的影响可能更大。式（1）所示计量模型的主要目的是分解出企业税负的地区差异，即识别出同样的企业在不同地区可能存在的税负差异。如在式（1）中不控制企业的行业属性，在不同地区工业企业行业构成存在差异的背景下，则 β_1 可能包含了由行业性税收优惠导致的地区间税负差异的信息。为此，本文在计量分析中，分别控制两位数代码行业、三位数代码行业和四位数代码行业，以有效排除行业税收优惠政策对企业税负地区差异的影响，并以行业属性控制变量的不断细化作为稳健性检验的一种方式。

2. 数据说明

表 1 分别给出了全部样本企业，基准省份江苏以及与江苏发展水平相近的广东和山东企业主要变量的描述性统计。从表 1 可见，江苏和山东的企业平均税负与全国水平相当，在 18% 左右，而广东的企业税负则比全国平均水平高出 3 个百分点。三省的企业规模与全国平均水平相近，山东、江苏略微偏大。广东、山东的企业年龄相对于全国水平较小，而江苏的企业年龄与全国水平相近。广东、江苏企业的人均资本略低于全国水平。比较突出的是，山东的企业资产利润率远高于全国水平，广东的企业资产利润率远低于全国水平；广东企业的出口比重远高于江苏、山东和全国平均水平，广东企业出口交货值占增加值的比重均值为 1. 18，而山东、江苏和全国平均水平分别为 0. 33、0. 52、0. 57。不同地区之间企业特征变量的较大差异，也说明回归分析中控制这些特征变量非常重要①。

除用于计量分解企业税负地区间差异的企业数据之外，后文中还

① 我们剔除了各变量存在极端值的样本，包括企业税负小于或等于零的样本、企业税负大于或等于 1 的样本、出口占增加值的比重小于零的样本和出口占增加值的比重大于或等于 10 的样本、企业年龄大于 1000 的样本、企业规模为零的样本和人均资本存量大于 10000 的样本。

用到各省（市、区）2007 年的宏观税负，这些数据均来自 2010 年《全国税务统计》。在图 1 中，我们基于《全国税务统计》给出的 1994—2010 年宏观税负，计算出各省（市、区）的平均值并排序。如图 1 所示，北京、上海、天津三个直辖市的宏观税负明显较高，原因可能是总部经济较为发达；云南、贵州两个烟草大省，广东、浙江

表 1　　主要变量的描述性统计

	全国			广东		
变量	观察值	均值	标准差	观察值	均值	标准差
企业税负（%）	317587	18.21	15	50289	21.59	13
企业规模（千元）	317587	115231.6	1103853	39880	116288.6	1294951
企业年龄（年）	317587	8.29	9.00	50289	7.63	6.71
盈利能力（%）	317563	12	36	50289	6	10
出口比重	317587	0.57	1.42	50289	1.18	1.98
人均资本（千元/人）	317587	121.01	333.90	50289	96.04	246.74
	江苏			山东		
变量	观察值	均值	标准差	观察值	均值	标准差
企业税负（%）	40459	17.21	12	34136	17.43	15
企业规模（千元）	40459	121324.2	1012008	34136	136797.2	1071098
企业年龄（年）	40459	8.70	8.70	34136	6.52	8.28
盈利能力（%）	40459	10	21	34135	25	46
出口比重	40459	0.52	1.28	34136	0.33	0.99
人均资本（千元/人）	40459	109.03	285.03	34136	121.35	259.51

资料来源：根据 2007 年工业企业数据整理计算所得。

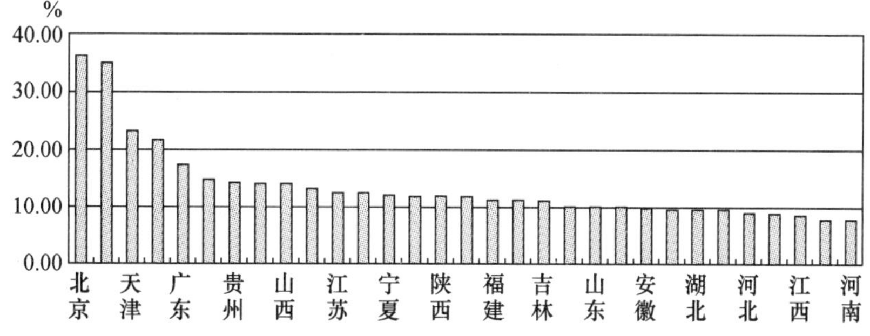

图 1　全国部分省（市、区）1994—2010 年宏观税负

资料来源：2010 年《全国税务统计》。

两个发达省份的宏观税负也较高；中西部地区的重庆、安徽、四川、河南等宏观税负较低。1994—2010 年，北京、上海的宏观税负平均值均超过 35%，而河南仅为 7.62%，两者之间相差 4.7 倍；广东、浙江、贵州 1994—2010 年的宏观税负平均值均超过 14%，大约是河南的两倍，是江西、湖南、河北的 1.7 倍。这反映出各地区之间的宏观税负差异确实较大。

三 主要结果

1. 六省（市、区）企业税负与江苏的差异

我们首先选取六个省（市、区）列示按式（1）进行计量分析的结果，重点是观察各省（市、区）的企业税负与江苏是否存在显著差异。表 2 是北京、上海两个直辖市的结果，两者的宏观税负均明显高于江苏；表 3 是与江苏同属发达省（市、区）的广东和山东的结果，前者宏观税负高于江苏，后者低于江苏；表 4 是经济不发达，且宏观税负均明显低于江苏的河北和河南的结果。在表 2、表 3 和表 4 的回归分析中，企业规模、企业年龄、盈利能力、出口比重、人均资本、所有制属性以及行业属性等可能影响企业税负水平的特征变量均被控制，因此“哑变量”回归系数的经济含义，表示的就是这些特征变量均相同的企业的税负在相应省（市、区）与江苏之间的差异。各表中的回归结果 1、2、3，分别显示的是控制两位数行业虚拟变量、三位数行业虚拟变量和四位数行业虚拟变量后的回归结果。

从表 2 可见，虽然北京和上海的宏观税负都远高于江苏，但与江苏的企业税负之差却不同。表 2 的回归结果显示：北京的企业税负在 1% 的显著性水平上高于江苏，而上海的企业税负却在 1% 的显著性水平上低于江苏。控制行业属性的精确程度，对于回归系数的影响较小。以控制四位数行业虚拟变量后的结果来看，北京的企业税负高出江苏 5.35 个百分点，不仅在统计上显著，在经济上也显著；上海的企业税负低于江苏 0.87 个百分点，回归系数较小，表明仅在统计上显

表 2　　北京市、上海市的回归结果

	北京			上海		
	回归结果 1	回归结果 2	回归结果 3	回归结果 1	回归结果 2	回归结果 3
哑变量	5. 73 ***	5. 41 ***	5. 35 ***	-0. 707 ***	-0. 842 ***	-0. 868 ***
	(21. 80)	(20. 39)	(19. 75)	(-5. 01)	(-5. 91)	(-6. 00)
企业规模	-0. 0052 ***	-0. 0051 ***	-0. 0052 ***	-0. 0076 ***	-0. 0075 ***	-0. 0078 ***
	(-7. 89)	(-7. 56)	(-7. 89)	(-14. 01)	(-13. 68)	(-13. 97)
企业年龄	0. 0256 ***	0. 0247 ***	0. 0239 ***	0. 0267 ***	0. 0265 ***	0. 0254 ***
	(15. 29)	(14. 75)	(14. 29)	(17. 71)	(17. 54)	(16. 76)
盈利能力	0. 0247 **	0. 0243 **	0. 0272 ***	0. 0440 ***	0. 0445 ***	0. 0459 ***
	(2. 43)	(2. 37)	(2. 94)	(8. 19)	(8. 10)	(8. 36)
出口比重	-0. 927 ***	-0. 892 ***	-0. 843 ***	-0. 902 ***	-0. 867 ***	-0. 831 ***
	(-17. 52)	(-16. 52)	(-15. 35)	(-18. 54)	(-17. 47)	(-16. 47)
人均资本	0. 00126 ***	0. 00100 ***	0. 00105 ***	0. 00111 ***	0. 00097 ***	0. 00097 ***
	(4. 44)	(3. 77)	(4. 12)	(5. 05)	(4. 56)	(4. 77)
私营	-0. 00416	-0. 00445	-0. 00726	-0. 00965	-0. 00931	-0. 0102 *
	(-0. 57)	(-0. 62)	(-1. 01)	(-1. 57)	(-1. 52)	(-1. 66)
港澳台	-0. 0261 ***	-0. 0260 ***	-0. 0298 ***	-0. 0333 ***	-0. 0335 ***	-0. 0346 ***
	(-3. 50)	(-3. 50)	(-4. 02)	(-5. 28)	(-5. 31)	(-5. 46)
外资	-0. 0312 ***	-0. 0315 ***	-0. 0353 ***	-0. 0344 ***	-0. 0347 ***	-0. 0358 ***
	(-4. 23)	(-4. 29)	(-4. 81)	(-5. 51)	(-5. 56)	(-5. 69)
其他	0. 0162 **	0. 0154 **	0. 0112	0. 0122 **	0. 0119 *	0. 0102
	(2. 22)	(2. 12)	(1. 55)	(1. 97)	(1. 92)	(1. 64)
R^2	0. 0982	0. 1142	0. 1307	0. 0802	0. 0936	0. 1076
N	46003	46003	46003	53783	53783	53783

注：①回归结果 1、2、3，分别表示控制两位数行业虚拟变量、三位数行业虚拟变量和四位数行业虚拟变量后的回归结果。②括号内的数值为用稳健性标准误计算的 t 统计值。③ ***、**、* 分别表示回归系数在 1%、5% 和 10% 的显著性水平上通过了显著性检验。

著。换句话说，企业规模、企业年龄、所在行业等特征变量均相同的企业，在北京缴纳的税负较在江苏省高 5. 35 个百分点，在上海却较江苏低 0. 87 个百分点。2007 年，北京的宏观税负较江苏高 29 个百分点，上海较江苏高36个百分点，差异均非常明显。与两地宏观税负均远高于江苏的事实相比较，北京、上海与江苏的企业税负差异较小。尤其是上海，其企业税负甚至在统计上显著低于江苏。

表3呈现的是与江苏同属发达地区的广东、山东两省的回归结果。在宏观税负水平上，广东高于江苏5.45个百分点，山东低于江苏4.75个百分点。从表3的结果可以看到，两省企业税负均在1%的显著性水平上与江苏有差异，且差异的方向与宏观税负的方向一致，即广东的企业税负显著高于江苏，山东的企业税负显著低于江苏。与表2相同，控制行业属性的精确程度，对于回归系数的影响也较小。以控制四位数行业虚拟变量后的结果来看，广东的企业税负高出江苏1.20个百分点，山东低于江苏0.62个百分点。总体而言，山东、广东与江苏企业税负的差异均在统计上显著，但由于系数均较小，在经济意义上差距较为微弱。

表3　　广东、山东的回归结果

	广东			山东		
	回归结果1	回归结果2	回归结果3	回归结果1	回归结果2	回归结果3
哑变量	1.18***	1.17***	1.20***	-0.658***	-0.707***	-0.619***
	(11.66)	(11.19)	(11.14)	(-5.91)	(-6.21)	(-5.35)
企业规模	-0.0032***	-0.0032***	-0.0034***	-0.0046***	-0.0045***	-0.0046***
	(-7.17)	(-7.06)	(-7.46)	(-9.95)	(-9.61)	(-9.80)
企业年龄	0.0138***	0.0136***	0.0123***	0.0215***	0.0207***	0.0191***
	(11.17)	(11.00)	(9.94)	(16.39)	(15.75)	(14.51)
盈利能力	0.0175***	0.0178***	0.0187***	0.0198***	0.0204***	0.0212***
	(5.70)	(5.69)	(5.89)	(10.53)	(10.75)	(10.99)
出口比重	-1.14***	-1.13***	-1.11***	-0.683***	-0.683***	-0.639***
	(-36.15)	(-35.12)	(-34.34)	(-13.84)	(-13.70)	(-12.64)
人均资本	0.000347	0.000342	0.000232	0.00189***	0.00181***	0.00182***
	(1.63)	(1.61)	(1.15)	(7.86)	(7.55)	(7.62)
私营	-0.0122***	-0.00501	-0.00619	-0.0131**	-0.0148***	-0.0148***
	(-2.62)	(-1.07)	(-1.33)	(-2.44)	(-2.66)	(-2.66)

续表

	广东			山东		
	回归结果 1	回归结果 2	回归结果 3	回归结果 1	回归结果 2	回归结果 3
港澳台	-0.0485***	-0.0413***	-0.0423***	-0.0391***	-0.0407***	-0.0410***
	(-10.28)	(-8.67)	(-8.93)	(-6.97)	(-7.04)	(-7.05)
外资	-0.0383***	-0.0319***	-0.0326***	-0.0422***	-0.0439***	-0.0441***
	(-7.96)	(-6.56)	(-6.75)	(-7.65)	(-7.71)	(-7.70)
其他	0.00862*	0.0154***	0.0137***	-0.002	-0.00429	-0.00538
	(1.84)	(3.27)	(2.91)	(-0.37)	(-0.77)	(-0.96)
R^2	0.0902	0.1006	0.1131	0.0572	0.0671	0.0823
N	80339	80339	80339	74593	74593	74593

注：①回归结果 1、2、3，分别表示控制两位数行业虚拟变量、三位数行业虚拟变量和四位数行业虚拟变量后的回归结果。②括号内的数值为用稳健性标准误计算的 t 统计值。③***、**、*分别表示回归系数在 1%、5% 和 10% 的显著性水平下通过了显著性检验。

表 4 列示的是宏观税负低于江苏的河北、河南两省的回归结果。与表 2、表 3 类似，控制行业属性的精确程度，对于回归系数的影响较小。以控制四位数行业虚拟变量后的结果来看，河北省的企业税负低于江苏省 2.78 个百分点，且在 1% 的显著性水平上显著；但衡量河南与江苏企业税负差异的回归系数的数值较小，且没有通过显著性检验。如表 4 所示，河北 2007 年宏观税负低于江苏 6.27 个百分点，河南低于江苏 8.18 个百分点。与宏观税负的巨大差异相比较，两省企业税负与江苏的差异相对较小。尤其是河南的企业税负，在统计上与江苏并不存在差异。

表 4　　河北、河南的回归结果

	河北			河南		
	回归结果 1	回归结果 2	回归结果 3	回归结果 1	回归结果 2	回归结果 3
哑变量	-2.77***	-2.82***	-2.78***	-0.273	-0.296	-0.256
	(-16.44)	(-16.58)	(-15.87)	(-1.42)	(-1.50)	(-1.29)

续表

	河北			河南		
	回归结果1	回归结果2	回归结果3	回归结果1	回归结果2	回归结果3
企业规模	-0.0051***	-0.0051***	-0.0053***	-0.0038***	-0.0036***	-0.0039***
	(-9.68)	(-9.49)	(-9.86)	(-6.70)	(-6.33)	(-6.87)
企业年龄	0.0222***	0.0217***	0.0208***	0.0174***	0.0173***	0.0162***
	(14.69)	(14.31)	(13.65)	(11.58)	(11.52)	(10.77)
盈利能力	0.00684***	0.00673***	0.00766***	0.0434***	0.0431***	0.0445***
	(4.52)	(4.39)	(4.86)	(11.39)	(11.14)	(11.58)
出口比重	-0.781***	-0.748***	-0.701***	-0.773***	-0.743***	-0.700***
	(-15.26)	(-14.32)	(-13.40)	(-14.51)	(-13.72)	(-12.70)
人均资本	0.00122***	0.00106***	0.00105***	0.00182***	0.00153***	0.00151***
	(4.98)	(4.34)	(4.44)	(6.95)	(5.93)	(6.07)
私营	-0.0203***	-0.0186***	-0.0195***	-0.00713	-0.0113*	-0.0112*
	(-3.38)	(-3.02)	(-3.16)	(-1.23)	(-1.88)	(-1.85)
港澳台	-0.0433***	-0.0415***	-0.0428***	-0.0347***	-0.0386***	-0.0383***
	(-6.90)	(-6.43)	(-6.63)	(-5.72)	(-6.18)	(-6.08)
外资	-0.0471***	-0.0457***	-0.0467***	-0.0395***	-0.0434***	-0.0432***
	(-7.61)	(-7.18)	(-7.32)	(-6.53)	(-6.98)	(-6.89)
其他	0.00145	0.00227	0.00011	0.00686	0.0026	0.00168
	(0.24)	(0.37)	(0.02)	(1.18)	(0.43)	(0.28)
R^2	0.0862	0.1013	0.1186	0.0683	0.0832	0.0995
N	50632	50632	50632	53122	53122	53122

注：①回归结果1、2、3，分别表示控制两位数行业虚拟变量、三位数行业虚拟变量和四位数行业虚拟变量后的回归结果。②括号内的数值为用稳健性标准误计算的t统计值。③***、**、*分别表示回归系数在1%、5%和10%的显著性水平下，通过了显著性检验。

表2、表3和表4中各个控制变量的回归结果也富有经济意义。所有样本的回归结果均表明：企业规模越大，税负越低；企业年龄越大，税负越高；企业盈利能力越强，税负越高；企业出口越多，税负越低；且回归系数基本上都在1%的水平上显著。这些结论与前文的理论分析或基于常识的推理相符。例如，企业规模越大税负越低，印

证了 Siegfried（1974）的政治影响假说；出口比重高则企业税负低，表明出口企业享受的税收优惠确实比非出口企业多；人均资本变量越高，企业税负越高，表明资本密集型企业较劳动密集型企业的税负更高。除广东—江苏样本之外，这一结论均通过1%水平上的统计显著性检验。与国有企业相比，私营企业、外资企业和港澳台企业的企业税负均较低，且后两者的差异更大。这表明，国有企业的企业税负最重，民营企业次之，而外资企业和港澳台企业税负最低。国有企业税负更高这一结论与吴联生（2009）基于上市公司数据的研究结果是一致的。不过，表2中私营企业的回归系数未能通过显著性检验。

2. 企业税负地区间差异的整体情况

综合表2至表4中六省（市、区）的回归结果，可以发现：除河南之外，各省市与江苏的企业税负差异均通过了1%水平上的统计显著性检验。这表明各地区之间的企业税负确实存在差异。但是，上海、广东、山东与江苏企业税负的差异从数值上看相对较小，也就是说这种差异在经济上并不一定重要。我们对其他省（市、区）也做了同样的计量分析，结果见表5的第1列。[①] 从表5可见，除山西、黑龙江、河南、西藏四地之外，其他省（市、区）与江苏的企业税负之差基本上在1%的统计显著性水平上显著。企业税负高于江苏超过2个百分点的有北京、云南、浙江、新疆、海南等省（市、区），企业税负低于江苏超过2个百分点的有陕西、青海、江西、吉林、内蒙古、湖北、四川、重庆、安徽、广西、河北、辽宁等省（市、区）。如果单独比较高企业税负的北京、浙江等，与低企业税负的陕西、甘肃等之间的企业税负差距，简单计算可以得出接近10个百分点。应当说，差异超过2个百分点乃至10个百分点，在经济意义上也是非常重要的差异。这说明，从全国范围来看，不同地区间企业税负存在显著差异是较普遍现象。整体比较，陕西、甘肃、青海、湖北、四川等中西部落后地区的企业税负相对较低；北京、浙江、广东、福建等发达地区，

---

① 各个控制变量的回归系数所得结论与表2至表4基本一致，此处不再详述。感兴趣的读者可向笔者索取详细结果。

云南、贵州等烟、酒产业占重要地位的特殊省（市、区），其企业税负相对较高。由于计量分析中我们控制了企业规模、企业年龄、盈利能力、出口比重、人均资本、所有制属性和行业属性等特征变量，因此回归系数表示的是各方面特征均相同的企业，在不同地区缴纳税负的差异。显然，在全国税制基本统一的背景下，这种各方面特征均相同企业的地区间税负差异，应当代表的是各地税收征管水平的差异。

表5　　计量分解出的地区间企业税负差异

省（市、区）	企业税负之差（两地样本）	企业税负之差（全部样本）	扣除企业所得税后的企业税负（全部样本）	省（市、区）	企业税负之差（两地样本）	企业税负之差（全部样本）	扣除企业所得税后的企业税负（全部样本）
北京	5.35***	5.94***	5.17***	西藏	-1.22	-0.39	1
云南	4.82***	3.79***	4.49***	辽宁	-2.73***	-2.37***	-2.17***
浙江	4.61***	4.87***	3.44***	河北	-2.78***	-2.79***	-2.79***
新疆	2.68***	1.46***	1.43***	广西	-3.34***	-3.32***	-1.84***
海南	2.26**	2.35***	3.22***	安徽	-3.34***	-3.67***	-3.27***
贵州	1.36***	2.11***	2.78***	重庆	-3.43***	-3.61***	-2.64***
广东	1.20***	1.02***	1.15***	宁夏	-3.51***	-4.17***	-2.68***
山西	0.86	2.09***	2.65***	四川	-4.05***	-4.19***	-3.04***
福建	0.63***	1.06***	1.00***	湖北	-4.30***	-4.38***	-3.15***
天津	0.68***	0.99***	0.56***	内蒙古	-4.50***	-4.87***	-3.53***
河南	-0.256	-0.16	-0.54***	江西	-4.81***	-4.13***	-2.49***
黑龙江	-0.47	-0.59*	0.01	吉林	-4.81***	-5.20***	-4.32***
山东	-0.62***	-0.54***	-0.81***	青海	-5.05***	-4.72***	-3.16***
上海	-0.87***	-0.54***	-1.17***	甘肃	-5.20***	-4.75***	-3.63***
湖南	-0.90***	-1.42***	0.38**	陕西	-5.59***	-4.46***	-3.19***

注：①表格中数值为省（市、区）虚拟变量的回归系数。第1列为对相应省（市、区）和江苏企业形成的两地样本进行计量分析的结果；第2和第3列是对所有省（市、区）企业形成的全部样本进行回归分析的结果。②所有计量分析均控制了企业规模、企业年龄、盈利能力、出口比重、人均资本、所有制属性和行业属性等特征变量。③***、**、*分别表示回归系数在1%、5%和10%的显著性水平下通过了显著性检验。

表5的第2列、第3列，是将所有省（市、区）企业放在一起，分别以全部企业税负和扣除所得税之后的企业税负为被解释变量，按式（1）作计量分析所得结果。我们同样控制了企业规模、企业年龄、盈利能力、出口比重、人均资本、所有制属性和行业属性等特征变量，各个控制变量的计量发现结论与表2至表4基本一致，此处不再详述。[①] 此时省（市、区）虚拟变量的回归系数，表示的是该省（市、区）相对于全国除自身之外的其他省（市、区）（而非仅江苏）的企业税负之差。从表5可见，除山西之外，其他省（市、区）的第1列和第2列差别不大：回归系数的符号、通过检验的显著性水平基本没有变化，仅是数值大小略有变化。这表明将参照系从江苏更换为其他省（市、区），并不改变地区间企业税负存在显著差异的结果，本文的研究结论是相当稳健的。[②]

表5第3列省（市、区）虚拟变量的回归系数，表示的是各省（市、区）仅扣除企业所得税之后的企业税负与除本地之外的其他省（市、区）之差。中国基本税制在全国范围内高度统一，但税收优惠政策存在地区间差异。这可能导致在同样的税收征管水平下，不同地区间企业的实际税负存在差异，可能会影响我们对结果的解释。由于中国区域性税收优惠政策主要集中在企业所得税领域，为此表5第3列以扣除所得税之后的企业税负为被解释变量，以考察排除区域性税收优惠政策影响之后，地区间企业税负是否还存在差异。[③] 比较表5第3列和第2列可以发现，除黑龙江、湖南和西藏之外，各省（市、区）回归系数的符号、通过检验的显著性水平也基本没有变化，但大部分省（市、区）回归系数的数值相对变小，少部分省（市、区）回归系数数值相对变大。在扣除企业所得税之后，湖南和西藏的企业税负，由原来的低于其他省（市、区）变为高于其他省（市、区），

① 感兴趣的读者可向笔者索取详细结果。

② 从表1可见，江苏的企业税负均值与全国均值较为接近。

③ 区域性税收优惠政策主要针对经济特区、经济技术开发区、沿海开放城市、内陆开放城市、中西部地区等，以及近些年来各类区域规划中提出的税收优惠政策。查阅这些税收优惠政策文件，可以发现主要集中在企业所得税领域。

且湖南还通过了统计显著性检验，可能的原因在于这两个省区的企业所得税相对于其他省（市、区）特别低。这些结果表明，扣除掉企业所得税对于原结果影响较小；排除掉区域性税收优惠的影响之后，不同省（市、区）间的企业税负差异依然显著存在。

3. 企业税负与宏观税负地区间差异的比较分析

表 2 至表 4 还显示，除上海之外，其他省（市、区）与江苏企业税负差异的方向，与其宏观税负差异的方向一致，但企业税负地区间差异的绝对值均小于宏观税负的地区间差异。表 6 将表 5 第 1 列各省（市、区）与江苏的企业税负之差，与各（市、区）与江苏宏观税负之差放到一起进行对比分析，以从全国范围内考察宏观税负地区差异与企业税负地区差异之间的关系。其中各省（市、区）按其与江苏宏观税负之差的大小排序。

为便于分析，我们将 30 个（市、区）分为五组。第一组是宏观税负高于江苏 5 个百分点以上的 4 个省市，包括上海、北京、天津和广东。其中三个直辖市的宏观税负均高于江苏 15 个百分点以上，上海更是高出 36 个百分点。但从企业税负之差来看，仅有北京高于江苏 5.35 个百分点，广东和天津略高于江苏，而上海甚至显著低于江苏。第二组是宏观税负高于江苏 1—5 个百分点的 3 个省，包括云南、浙江和山西。从表 6 中可见山西的企业税负与江苏不存在显著差异，但云南和浙江的企业税负均显著高于江苏，且企业税负差异的绝对值大于宏观税负差异。第三组是宏观税负与江苏之差在 1 个百分点之内的 4 个省区，包括贵州、海南、新疆、辽宁。但从企业税负来看，则是海南、新疆均显著高于江苏 2 个百分点以上，贵州高 1 个百分点以上，辽宁低近 3 个百分点。第四组是宏观税负低于江苏 1—5 个百分点的省（市、区），包括陕西、宁夏、甘肃、重庆、青海、福建、内蒙古、黑龙江和山东。从企业税负差异来看，福建反而在 1% 的显著性水平上高于江苏，黑龙江与江苏无差异，其他省区企业税负均显著低于江苏。其中陕西、甘肃、青海、内蒙古、宁夏等与江苏的企业税负之差大于宏观税负之差，山东与江苏企业税负之差明显小于宏观税负之差。第五组是宏观税负低于江苏超过 5 个百分点的 10 个省区，包括安徽、四川、湖北、吉林、河北、广西、江西、湖南、河南和西藏。其中西藏、河南与江苏宏观税负之差最大，但其企业税负却没有显著差异。其他省（市、区）与江苏企业税负之差，在方向上与宏观税负之差一致，但数值大小排序上并没有一一对应。尤其是湖南，其宏观税负低于江苏6.79个百分点，但其企业税负仅低0.9个百分点，在经济上并不重要。

表6　各省（市、区）宏观税负、企业税负与江苏之差（2007年）

省（市、区）	宏观税负之差	企业税负之差	省（市、区）	宏观税负之差	企业税负之差	省（市、区）	宏观税负之差	企业税负之差
上海	36.19	-0.87***	辽宁	-0.48	-2.73***	安徽	-5.40	-3.34***
北京	29.32	5.35***	陕西	-1.91	-5.59***	四川	-5.61	-4.05***
天津	15.18	0.68***	福建	-2.51	0.625***	湖北	-5.61	-4.30***
广东	5.45	1.20***	宁夏	-2.96	-3.51***	吉林	-5.69	-4.81***
云南	4.66	4.82***	甘肃	-3.51	-5.20***	河北	-6.25	-2.78***
浙江	3.42	4.61***	重庆	-3.54	-3.43***	广西	-6.48	-3.34***
山西	2.29	0.01	青海	-3.61	-5.05***	江西	-6.74	-4.81***
贵州	0.48	1.36***	内蒙古	-3.87	-4.50***	湖南	-6.79	-0.90***
海南	0.22	2.26**	黑龙江	-4.08	-0.468	河南	-8.18	-0.26
新疆	-0.07	2.68***	山东	-4.75	-0.619***	西藏	-10.16	-1.22

资料来源：企业税负之差来自表5第1列；宏观税负之差根据2010年《全国税务统计》提供的各省2007年宏观税负数据整理所得。

从30个省（市、区）的情况来看，各省（市、区）与江苏企业税负差异的方向，除个别省（市、区）之外，与其宏观税负差异的方向基本一致；在数值大小关系上，以江苏为参照系企业税负差异的区间范围为-5.2到5.35，远小于宏观税负差异的区间范围-10.16到36.19，而且企业税负差异的大小，与宏观税负差异的大小并不存在对应关系。这总体上表明，中国不同省（市、区）间宏观税负存在巨大差异现象，地区间企业税负的差异以及相对应的税收征管能力的差异有一定的解释力，但其他的因素可能更重要。

四　结论与启示

在中国税制全国统一的制度背景下，不同省（市、区）间宏观税负存在较大的差异，这是一个值得探讨的重要经济问题。本文利用2007年工业企业数据，采用计量分解的方法识别各省（市、区）与基准省份江苏的企业税负之差，并将其与宏观税负之差进行比较。我们发现，中国不同省（市、区）间企业税负存在显著差异是较普遍现象，除山西、河南等少数省（市、区）外，其他省（市、区）的企业税负都至少在5%的显著性水平上高于或低于江苏，最高者甚至接近10个百分点。整体比较，中西部落后地区的企业税负相对较低，发达地区以及云南、贵州等的企业税负相对较高。除个别省（市、区）之外，地区间企业税负差异的方向与其宏观税负差异的方向基本一致，但在数值上企业税负差异的区间范围远小于宏观税负差异的区间范围。而且企业税负差异的大小，与宏观税负差异的大小并不存在严格对应关系：一些省（市、区）与江苏省宏观税负差距较大，但其企业税负差距却较小，相反的情况也存在。

这些研究发现对于如何利用税负差异分析寻找征管漏洞，如何理解宏观税负的地区差异两个问题有以下启示：

（1）应探索采用计量分解方法识别出企业税负的地区间差异，用于分析税收征管漏洞问题。在大数据时代，利用宏观或微观税收数据分析查找税收征管漏洞，是非常有前景的研究方向，也正日益为税务部门所重视。目前，中国税务部门更多的是通过比较分析不同地区的宏观税负差异，来找出可能存在的税收征管漏洞。其基本思路是：地区的税收与地区增加值等指标应有稳定一致的关系；如某些地区的宏观税负显著低于其他地区，则表明其存在应收税收未能收上来等征管漏洞，为此可以对这些地区的税收征管问题进行重点检查。但从逻辑上看，税收征管能力只能是直接影响相同企业在不同地区的企业税负水平，其即使影响到宏观税负也只能是通过企业税负这一渠道。换个角度看，由于不同产业的税负有差异，企业的一些特征也可能影响其税负，如前文所发现的企业规模、企业年龄、盈利能力、出口比重等都对企业税负有影响，因此不同地区的宏观税负差异，完全可能来自其产业结构、企业特征结构等方面的差异，而非来自税收征管能力的差异。

本文采用计量分解的方法识别出企业税负的地区间差异，更适宜于分析不同地区的税收征管漏洞问题。本文在识别企业税负地区间差异时，尽可能控制了企业的各种特征变量，由此地区虚拟变量的回归系数可以理解为同样的企业在不同地区间税负的差异。在中国税制基本上由中央制定的制度背景下，如果各地区税收征管水平没有差异的话，同样的企业在不同地区间的税负应不存在显著差异。因此，地区虚拟变量的回归系数实质上衡量的是不同地区税收征管水平的差异。与以宏观税负分析查找税收征管漏洞的做法相比较，在控制各种特征变量的基础上进行的企业税负比较，避免了产业结构、企业特征结构对结果的影响，因此更为合理。

为此，我们建议各级税务部门应大力推广以微观数据为基础的企业税负分析找出税收征管体系漏洞的方法。本文比较的是不同省（市、区）企业税负以及税收征管能力的差异，但单个省（市、区）、地级市等也可以用这种思路分析下属地区的税收征管漏洞。具体而言，首先应成立一个专家组，选择合适的控制变量并建立适宜于本地的计量模型；其次是利用金税工程或者全国税收调查的企业数据进行回归分析，测算出初步结果并补充实地调研、专家讨论，验证计量模型的合理性，进一步完善模型；再次是用改进后的计量模型，选择一个基准地区或用全部样本进行实际测算，并根据测算结果对所有地区进行排序；最后是排位靠后的地区应对照排位靠前的地区进行检查，分析可能存在的特殊原因，如缺乏有说服力的其他原因，应着力分析征管体系存在的问题，提出整改措施。

（2）应重视宏观税负的地区间差异，分析背后可能存在的财税体制方面的问题。如前文所述，中国各省（市、区）之间存在巨大的宏观税负差异。事实上，即使在同一省（市、区）内部，不同地级市、县的宏观税负差异也较大。这一现象可能影响到各地区之间的财力平衡，还可能导致企业的税收转移，已经引起财政管理部门以及学术界的重视。在已有文献中，更多的是将宏观税负的地区间差异与税收征管问题联系起来，但从本文的研究结果来看，税收征管努力导致的地区间企业税负的差异，可以部分解释不同地区间的宏观税负差异，但并不能说其是主要因素，其他的诸如经济发展水平、产业结构等因素依然需要关注。

现实中，中国不同地区经济发展程度相差较大，由此行业结构乃至同一行业中的企业结构也存在较大差异，再加上总部经济、GDP 虚报问题等，这些因素对于宏观税负的影响可能更大。因此，就广受关注的中国地区间宏观税负存在巨大差异现象，透彻分析其原因依然任重道远。例如，北京、上海的宏观税负远高于其他地区，而上海的工业企业税负甚至低于全国平均水平，显示出主要原因应是两地利用总部经济发达的特殊优势，将其他地区生产活动创造的税收转移到本地。显然，这本身就反映出现有的跨区域生产活动的税收分配制度存在不合理之处，应进一步深化改革。对于其他省（市、区），如宏观税负远低于全国平均水平，而企业税负并不低的话，应着重分析自身的产业结构或者企业结构是否纳税能力较弱；在未来的招商引资以及产业发展规划中，应注重纳税能力强的产业或企业的发展。

参考文献

[1] 高培勇：《中国税收持续高速增长之谜》，《经济研究》2006 年第 12 期。

[2] 高培勇：《理解十八届三中全会税制改革“路线图”》，《税务研究》2014 年第 1 期。

[3] 黄夏岚、胡祖栓、刘怡：《税收能力、税收努力与地区税负差异》，《经济科学》2012 年第 4 期。

[4] 吕冰洋、郭庆旺：《中国税收高速增长的源泉：税收能力和税收努力框架下的解释》，《中国社会科学》2011 年第 3 期。

[5] 潘贤掌、黄耀军：《我国各地区税负差异及其影响因素的实证分

析》，《经济研究》1998 年第 11 期。

[6] 王金秀：《我国地区间财税的失衡及其矫正——以产业结构为视角对三大地区财税收入差异的经济分析》，《财贸经济》2007 年第 6 期。

[7] 周黎安、刘冲、厉行：《税收努力、征税机构和税收增长之谜》，《经济学季刊》2011 年第 10 期。

[8] Bahl, Roy W., 1972, "A Representative Tax System Approach to Measuring Tax Effort in Developing Countries", *IMF Staff Papers*, Vol. 19, No. 1, pp. 87 - 124.

[9] Bahl, Roy W., 1971, "A Regression Approach to Tax Effort and Tax Ratio Analysis", *IMF Staff Papers*, Vol. 18, No. 3, pp. 570 - 612.

[10] Carola Pessino, Ricardo Fenochietto, 2010, "Determining Countries' Tax Effort", *Revista de Economía Pública*, Vol. 195, Issue. 4, pp. 65 - 87.

[11] Derashid, C., H. Zhang, 2003, "Effective Tax Rates and the 'Industrial Policy' Hypothesis: Evidence from Malaysia", *Journal of International Accounting, Auditing and Taxation*, Vol. 12, No. 1, pp. 45 - 62.

[12] Mertens Jo Beth, 2003, "Measuring Tax Effort in Central and Eastern Europe", *Public Finance and Management*, Vol. 3, No. 4, pp. 530 - 563.

[13] Siegfried, J. J., 1974, "Effective Average U. S. Corporation Income Tax Rates", *National Tax Journal*, Vol. 27, No. 2, pp. 245 - 259.

[14] Zimmerman, J. L., 1983, "Taxes and Firm Size", *Journal of Accounting and Economics*, Vol. 5, Issue. 1, pp. 119 - 149.

国际贸易的成本分析：视角与方法*

杨青龙　南京财经大学
张为付　南京财经大学

一　引言

贸易学说史的演进表明，基于比较优势的国际分工是国际贸易的基础。古典贸易理论中，针对斯密（Smith，1776）的绝对优势理论无法解释绝对先进与绝对落后国家之间的分工和贸易现象，托伦斯（Torrens，1815）和李嘉图（Ricardo，1817）提出的比较优势理论认为，不同国家在技术上的相对差别所导致的相对劳动生产率差异或相对生产（劳动）成本差异是形成比较优势的基础；新古典贸易理论中，赫克歇尔（Heckscher，1919）和俄林（Ohlin，1933）提出的要素禀赋理论认为，不同国家的要素禀赋差异所导致的相对生产成本差异是形成比较优势的基础。新贸易理论中，赫尔普曼和克鲁格曼

* 本文原刊于《财贸经济》2015 年第 3 期，系国家社会科学基金项目（12CJY004、11AZD035、15CJY044）、江苏省高校哲学社会科学研究重大项目（2015ZDAXM009）、江苏高校现代服务业协同创新中心专项基金项目（NCXTCX15004）、江苏高校优势学科建设工程资助项目、南京财经大学“青年学者支持计划”资助项目、江苏省高校“青蓝工程”创新团队和优秀青年骨干教师资助项目的成果之一。本文标题为笔者特别拟定，用“国际贸易的成本分析”（Cost Analysis of International Trade）意指与国际贸易相关的种种成本的分析，以区别于单纯的“贸易成本”（Trade Cost）或“交易成本”（Transaction Cost）分析，从而避免不必要的误会。夏先良先生的批评意见是笔者撰写本文的重要原因，本文初稿完成后，曾入选中国价格协会高校价格理论与教学研究会第 29 次年会，江西财经大学伍世安教授及其他与会专家提供了富有建设性的意见，匿名审稿人和《财贸经济》编辑部也针对本文提出了宝贵的修改建议，在此一并致谢。当然文责自负。

（Helpman and Krugman，1985）提出的规模经济理论认为，在不完全竞争市场和规模报酬递增的条件下，生产规模不同所导致的相对生产成本差异是形成比较优势的基础。特别值得一提的是，哈伯勒（Haberler，1930）及其追随者通过在比较优势分析中引入“机会成本”概念，超越了“单一要素投入”的假设前提，从而为在多种要素和多元成本的语境中重新理解“比较优势”提供了可能。机会成本作为使用资源或要素的代价，与人的选择行为有关，是某一主体作出一种选择所放弃的其他选择的最高收益。进而言之，机会成本是一种涵盖生产成本但不仅仅包括生产成本的广义成本，耗费了多少种资源要素，就存在多少种机会成本。从这个意义上说，伴随国际分工和贸易过程的成本不仅包括古典、新古典和新贸易理论等在纯粹经济系统的视野中高度关注的“生产成本”，而且必然包括交易过程中发生的“交易成本”，以及在动态的经济—环境大系统中必然发生的使用生态环境要素所产生的“环境成本”和牺牲“可持续性”要素所产生的“代际成本”。基于上述考虑，笔者曾论证了如下命题：包括生产成本、交易成本、环境成本和代际成本等在内的“全成本”是一国参与国际分工和贸易的比较优势的基础（杨青龙，2010b）。

然而，发轫于斯密和李嘉图的马克思经济学一直秉承“生产决定论”，在经济学界有着深远影响。按照这一学派的解释，生产成本（尤其是劳动成本）才是决定国际分工与贸易模式的成本基础。也正是在这个意义上，夏先良（2011）在《论国际贸易成本》一文（以下简称“夏文”）中指出，笔者的上述全成本观“是对国际比较优势规律的误解”。对此，笔者已撰文对“国际贸易的全成本观”进行了进一步的澄清和解释（杨青龙，2012a）。但与此同时，笔者对夏文中的基本主张和观点也存有一些商榷意见。综观夏文不难发现，该文力图将马克思经济学的基本思想贯穿和运用于国际贸易的成本分析中，其基本目标可谓正本清源，从而回归马克思经济学的分析思路。马克思经济学认为，价值是在生产领域形成和创造的，并且生产决定流通和交换，如果讨论作为流通和交换的国际贸易活动的成本基础，除了生产成本之外，无须也不可能附加任何成本。在此基础上，该文认为比较优势和交换规律等都应该基于生产过程和生产成本提出，从而交易成本不能构成比较优势的成本基础。总之，夏文所言的成本是一种狭义成本，并认为“比较优势的真正基础是相对国际劳动生产率差异，或者相对国际要素资源禀赋差异等”。

马克思经济学是一种开放的理论体系，其理论和学说是“相对真理”而非“绝对真理”或“终极真理”。马克思主义研究纲领的核心是“社会存在决定社会意识”，除此之外的一切命题都可能随着时代的变迁而被修正或发展（李建德，2000）。基于本文的主题，自然的追问是：比较优势的成本基础真的只包括生产成本而不包括交易成本或其他成本吗？要回答这一问题，必须从夏文的分析起点入手展开全面剖析，方能弄清问题及争议背后的来龙去脉，为进一步对国际贸易展开成本分析奠定必要的基础。为此，本文梳理了一些与之相关的问题，作为对夏先良先生的回应，同时也欢迎夏先生及各位学界同人提出批评意见。

二　对流通环节是否参与价值创造的讨论

按照传统马克思经济学的观点，流通环节只影响价值实现而不参与价值创造。但在社会分工日益深化和细化的当代，流通环节不仅影响价值实现，而且参与价值创造。

（一）传统观点：流通影响价值实现

按照传统马克思经济学的分析，商品价值是由生产决定的，生产过程中的劳动可分为具体劳动和抽象劳动。其中，抽象劳动是形成商品价值的基础，具体劳动是形成商品使用价值（财富）的基础。由于生产不同商品的具体劳动不可比，当商品之间要发生交换时就必须寻求一种统一的尺度，马克思经济学中的这一尺度就是基于社会必要劳动时间的商品价值。在对商品价值的定量探讨中，出现了第一种含义的社会必要劳动时间（下文简称为“社会必要劳动时间Ⅰ”）和第二种含义的社会必要劳动时间（下文简称为“社会必要劳动时间Ⅱ”）

等概念。其中，“社会必要劳动时间Ⅰ”是由马克思在《资本论》第1卷提出的，即“在现有的社会正常的生产条件下，在社会平均的劳动熟练程度和劳动强度下制造某种使用价值所需要的劳动时间”。[①] 然而，当《资本论》第3卷对资本主义生产运动总过程展开分析时，认识到只有满足社会需要量应当花费的劳动时间才能被社会认可和接受，进而才能形成价值后，马克思针对社会必要劳动时间又作了如下说明：“不仅在每个商品上只使用必要的劳动时间，而且在社会总劳动时间中，也只把必要的比例量使用在不同类的商品上……在这里，社会需要，即社会规模的使用价值，对于社会总劳动时间分别用在各个特殊生产领域的份额来说，是有决定意义的……只有当全部产品是按必要的比例进行生产时，它们才能卖出去。社会劳动时间可分别用在各个特殊生产领域的份额的这个数量界限，不过是整个价值规律进一步发展的表现，虽然必要劳动时间在这里包含着另一种意义。为了满足社会需要，只有这样多的劳动时间才是必要的”[②]，即“社会必要劳动时间Ⅱ”。在关于两种含义的社会必要劳动时间的学术争论中，不少学者（王章耀和萨公强，1958；陈振羽，1982；凤良志，1983；卫兴华，1984；岳宏志，2009；等等）承认存在两种含义的社会必要劳动时间，但认为社会必要劳动时间Ⅰ决定价值，社会必要劳动时间Ⅱ只是影响价值的实现。按照上述理解，商品的价值增值只与生产过程或生产过程在流通领域的延续（如运输等）有关，而流通环节本身则不创造任何价值，只影响商品价值的实现，因为这一环节只是商品和货币之间的交换，是二者之间在形式上的转换。

（二）现代观点：流通参与价值创造

许多学术问题争论的背后往往是概念之争，对价值实现与价值创造问题的争论同样如此。要澄清争论，首先必须回答何为价值。对价值的理解，不仅在哲学、经济学、管理学等不同学科之间存在较大差别，而且在经济学内部也还存在着分歧。哲学中的价值理论常常需要

---

① 马克思：《资本论》第1卷，人民出版社1975年版，第52页。

② 马克思：《资本论》第3卷，人民出版社1975年版，第716—717页。

回答“好不好”“应该如何”之类的价值判断问题，甚至需要回答苏格拉底关于“一个人应该怎样活着”的追问；管理学中的价值分析往往比较具体，比如价值工程中常常将价值理解为对象所具有的功能与获得该功能的全部费用之比（这有些类似于恩格斯提出的“价值是生产费用对效用的关系”之经典命题）；在经济学中，长期以来存在着劳动价值论与效用价值论、客观效用价值论与主观效用价值论之间的争论（杨青龙，2010a）。因此统一的价值定义值得期待。在诸多现有文献中，笔者较为赞同的是李秀林等（1995）对“价值”的理解：“价值不是一种实体，而是主体和客体之间一种特定的关系，即客体以自身的属性满足主体需要和主体需要被客体满足的效益关系。”

在马克思经济学中，流通过程中的耗费被划分为生产性流通费用（必要非纯粹流通费用）和纯粹流通费用。前者如物流、加工、分装、储存等，可创造价值，从而使商品增值；后者如簿记、广告、零售等，只影响价值实现，使得商品的价值形态发生转变，不会使商品增值。按照马克思经济学的分析，现实中存在着与纯粹流通费用对应的商业资本，它的基本运动形式是“先买后卖”，完成从货币到商品再到货币的转化，在这一转化过程中只能按照等价交换的原则进行，而不能随意加价，商业资本家弥补纯粹流通费用以及取得的商业利润只能来自对剩余价值的分割。在这个意义上，商品的纯粹流通环节不创造价值。从经济学说史上看，上述观点的进步意义在于有力地挑战和批判了重商主义，并将价值决定由流通领域切换到生产领域。从本质上说，这种观点的形成与马克思经济学所坚持的“生产决定论”是密切相关的。然而，随着世界各国经济的发展，包括流通业在内的第三产业在各国国内生产总值（GDP）中所占份额日益上升。一个不容回避的现实是，流通业发展过程中必然会发生大量人力物力的耗费，并产生一定利润，按照马克思经济学的解释，纯粹流通环节的耗费和利润是对剩余价值的分割，而剩余价值是生产过程所创造的，那么上述耗费和利润最终只能源于生产者对剩余价值的让渡。这可以解释现实流通业中存在的“回扣”现象，但在解释现实流通环节的“加价”现象时却显得极为乏力，“加价”现象在现实经济中的普遍存在性对马克思经济学而言无疑是一大挑战。在当今世界，国际分工日渐从传统的产业间和产业内分工过渡和深入到企业内乃至产品内分工，在此背景下生产过程发生的加工制造成本只是产品成本的一部分而远非全部，在许多场合贸易成本或流通成本反而占了绝大部分。举例来说，南非世界杯期间销售的“呜呜祖拉”90%以上产自中国，一支“呜呜祖拉”的出厂价一般在0.6—2.5元，而在南非世界杯赛场其售价却折合人民币17.7—53.1元（翟敏，2010），造成这一现象的主因是流通过程的层层加价。那为什么会如此呢？实际情况正如“微笑曲线”①所揭示的，在完整的产品价值链中，中间的加工制造环节所产生的价值增值只占少部分，而大量的价值增值由前端的研发设计和后端的营销及售后服务所创造和占有。本文认为，“流通过程不增值”其实可看作马克思经济学为了保持逻辑上的首尾一贯而预设的一个假设前提。由于“社会存在决定社会意识”是马克思经济学的理论内核，当社会现实（或社会存在）发生改变时，有必要对这一假设前提进行修正和拓展。

现实的社会生产过程并非简单的“生产决定论”（生产决定流通），流通与生产往往是相互决定的（徐从才，1987）。诸多对贸易利益的分析无不表明，贸易活动其实具有某种“间接生产”的功能，例如本国本来可以直接生产小麦，但与外国进行贸易使它可以通过生产棉布来交换小麦，从而间接“生产”小麦（朱廷珺，2007）。对一国在自给自足的封闭状况和开放条件下的生产可能性曲线的对比分析甚至表明，贸易活动可引导资源在全球范围的重新布局和组合，进而促使一国的生产可能性曲线向远离原点的方向移动，从而实现封闭状况下无法实现的资源配置效率。上述思想与诺思的理解是不谋而合的，他把社会活动分为交易活动和转换活动，认为交易活动和生产转换活动都具有“生产性”功能（笪凤媛和张卫东，2010）。从上述意义上说，创造价值的不仅有生产活动和生产活动在流通中的延续，而

① “微笑曲线”由宏碁集团创办人施振荣于1992年提出，当时的目的是为了“再造宏碁”。

且必然包括流通活动。事实上，马克思的“等价交换”思想主要是一种静态分析，从动态的角度而言，流通活动可以产生“非零和效应”，具有优化资源配置效率的功能，而这种功能在当今社会是不可或缺的。所以，即便是在马克思经济学内部，也有学者承认，尽管存在社会必要劳动时间Ⅰ和Ⅱ，但是社会必要劳动时间Ⅱ决定价值（王永治和王振之，1983；胡钧和张广兴，2004），或者至少是社会必要劳动时间Ⅱ与社会必要劳动时间Ⅰ共同决定价值（魏埙和谷书堂，1955；谷书堂和杨玉川，1982；纪显举，1983；李仁君，2003）。那么，流通活动作为衔接生产（供给）与消费（需求）的桥梁和纽带，不仅会影响价值实现，而且也参与价值创造，在形成“客体以自身的属性满足主体需要和主体需要被客体满足的效益关系”（李秀林等，1995）时起到了不可或缺的作用。

三　对成本、“全成本”、贸易成本等概念的进一步剖析

在本文主题的分析范围内，对机会成本、成本、“全成本”、贸易成本等概念的正确认识是非常重要的。根据《新帕尔格雷夫经济学大辞典》的解释，“机会成本就是特指拒绝备择品或机会的最高价值的估价”（伊特韦尔等，1996）。对于这一基本概念，经济学界几乎不存在什么争议。然而，对于成本、“全成本”、贸易成本等概念却有必要在此进行进一步剖析。

（一）对成本概念的剖析

“在经济学中，如何正确地理解和使用成本这个概念一直是个有争议的问题”（莫志宏，2011）。在夏文看来，“成本是一个经济关系或生产关系范畴，也是价值范畴，以价值来衡量”。这样一来，比较优势作为该文所言的“生产力”范畴，自然不能用成本比较方式来判别。但遗憾的是，上述主张并未贯彻到整篇文章，在夏文第四部分讨论“中国国际贸易成本与贸易量之间的关系”时，他指出“贸易成

本是可以根据实际费用开支计算出来的”，成本在这里成为一种历史成本。不难判断，贸易成本中的“实际费用开支”针对的不仅有处理人与人之间关系的开支，而且必然有处理人与物之间关系的开支，二者缺一不可。因此，成本不仅应包括人与人之间的关系，而且应涵盖人与物之间的关系。若只认识到成本分析中的某一方面，是不全面的，进而最终难以作出理性的成本分析。

根据经济学界的普遍认识，成本是使用或耗费资源要素的过程中所不可避免的最高代价（曼昆，2009；张五常，2011）。按照夏文的看法，比较优势的真正基础之一是相对国际要素资源禀赋差异，其中只要承认随着时代的发展和变迁，要素资源存在多元化的趋势（如可以纳入制度等其他要素），就必须适当拓展“要素资源”的外延，那么成本必然随之而出现广义化趋势。进而言之，比较优势的成本基础就不仅需要涵盖生产成本，而且必然涵盖包括交易成本（使用制度要素的代价）在内的其他成本。实际上，在纯粹的经济系统内，广义的要素资源主要包括传统要素资源（如劳动、资本、土地等）和制度要素资源。其中，制度也是比较优势的来源（Belloc，2006；Nunn，2007；刘厉兵、汪洋，2008；杨青龙，2013），制度质量决定交易效率①优势，传统要素禀赋决定生产成本优势（胡国恒，2013）。经济系统内的交易成本和生产成本共同决定一国参与国际分工和贸易的比较优势（杨青龙，2008，2011）。

（二）对“全成本”概念的剖析

“全成本”（Full Cost）② 本身并非一个新鲜概念，西方不少学者已经意识到需要在生产成本的基础上纳入环境成本，并试图构建“全成本”的概念框架，但这些研究主要集中于会计学领域并初步形成了“全成本会计”（Full Cost Accounting，FCA）的理论框架。比如，费

---

① 实际上，“交易效率”与“交易成本”是一枚硬币的两面。从成本角度来看，可以认为“制度质量决定交易成本优势”。

② “全成本”不同于主流经济学中所说的总成本（Total Cost），它在国内外存在多种译法，如全成本会计中常将其译为“Full Cost”，国内有文献（李晓西和赵少钦，2004）将之译为“Whole Cost”。

纳玛和巴尔格（Venema and Barg，2003）认为，“由于环境成本通常被忽略了，一种产品的经济或财务成本常常不是其全部成本”，“若商品或服务的价格没有反映其全部成本，市场会被扭曲，社会为此承担社会福利损失的负担”。李晓西和赵少钦（2004）在对可持续发展进行成本效益分析时强调，“‘全成本’概念是理解可持续发展成本问题的关键”，他们定义的“全成本”是自然环境成本（Natural Environmental Cost，NC）、资源成本（Resource Cost，RC）、社会成本（Social Cost，SC）和经济成本（Economic Cost，EC）的总和。夏文认为，所谓“全成本”是国际必要成本，即“全球必要生产成本”与“必要具有生产性活动支出的非纯粹贸易成本”之和。夏文所言的“全成本”强调生产成本及生产过程在流通中的延续所追加的成本，它等于制造成本与物流、加工、分装、储存等成本之和。按照夏文的观点，纯粹的商品和货币之间形态转化和交易成本中来自契约、制度等为实现交易而发生的纯粹费用开支均为纯粹流通费用而非生产成本，根据“生产决定论”，这些成本自然不应被计入“全成本”。然而，新制度经济学中的交易成本并不能完全被计入纯粹流通费用。因为一笔完整的交易往往涉及产权的界定和保护、合约的签订与执行等过程，在这个过程中所发生的诸多成本并非纯粹流通费用，进而不应将其排斥在“全成本”之外。进一步说，如果承认流通和交易过程也具有某种“生产性”功能，也创造价值，那么“全成本”必然包括经济系统中的生产成本和交易成本。[①] 广义而言，在宜人生态环境日益稀缺和部分资源枯竭导致的“可持续性”弱化的背景下，更应将成本分析的视野拓展到动态的经济—环境大系统，从而将使用生态环境要素的代价（环境成本）和牺牲“可持续性”要素的代价（代际成本）[②] 纳入“全成本”之中。因此，“全成本”是使用一切资源要素的代价（机会成本）总和，它是一个动态开放系统，当前主要以生产成本、交易成本、环境成本和代际成本等为子系统。

---

① 基于制度要素和交易成本的比较优势理论拓展，可参阅杨青龙（2013）。

② 基于“可持续性”要素和代际成本的比较优势理论拓展，可参阅杨青龙（2012b）。

（三）对贸易成本概念的剖析

夏文一方面认为“国际贸易成本不包括生产商品耗费的生产成本”，在同一文中他又指出该文使用的贸易成本概念“包含生产成本在内”，尽管后一理解据其称是源自测度贸易成本的相关文献。事实上，相关文献广泛赞同的对贸易成本的理解是安德森和温科普（Anderson and Wincoop，2004）给出的，他们的表达非常明白：“从广义上说，贸易成本是指除了生产商品的边际成本之外使产品到达最终用户发生的所有成本①，包括运输成本（运费和时间成本）、政策壁垒（关税与非关税壁垒）、信息成本、合同执行成本、汇率成本、法律和规制成本以及当地分销成本（批发和零售），贸易成本通常以从价的关税等价形式来表达。”可见，夏文对贸易成本的理解存在一定偏差。

在此笔者试图说明经济学中的贸易成本、交易成本、生产成本等相关概念之间的关系。当前在贸易理论方面的文献中常用“贸易成本”（Trade Cost）一词，而在采用新制度经济学方法分析国际贸易问题时，常用的术语为“交易成本”（Transaction Cost）。严格地说，两者之间存在一定差异。贸易成本系对应于制造成本而言，即如安德森和温科普（Anderson and Wincoop，2004）所指出的，它是指产品制造出来之后抵达最终用户发生的所有成本，其中既包括在流通过程中人与人之间打交道所发生的成本，如信息成本、签约成本、履约成本、政策壁垒成本等，也包括人与物之间打交道所发生的成本，如物流、加工、分装、储存等所发生的费用，正如马克思所指出的，表现为生产过程在流通中的延续。而交易成本则系对应于生产成本而言，即生产成本表现为人与物之间打交道的成本，是生产一定量的产品在技术上必要的人、财、物的耗费，它所反映的是人与物之间的技术关系，其高低大小受到资源的约束；而交易成本表现为人与人之间打交道的成本，是克服机会主义行动而发生的必要的人、财、物的耗费，它所反映的是人与人之间的社会关系，其高低大小受到社会（制度）的约束。也就是说，在交易成本中，应不包括商品流通中所发生的物

① 显然，这里关于“贸易成本”的定义是仅仅就经济系统而言的。

流、加工、分装、储存等费用，但却有可能包括商品在制造过程中所发生的人与人之间打交道的费用，如各种管理费用。总之，贸易成本与交易成本存在一定的交叉重叠，并不完全等同。①

四 基于“全成本”视角对国际贸易规律的反思

对国际贸易动因和规律的探讨，是国际贸易理论的基本主题和永恒追求。夏文谈到了两个与国际贸易活动相关的规律，分别为“国际比较优势规律”和“国际价值规律”，并认为二者具有不同基础，即国际比较优势规律从生产力角度出发，讨论人与物之间的关系，这一规律基于国别机会成本的差异而产生，以之为基础的国际交换是不等价交换；而国际价值规律从生产关系角度出发，讨论人与人之间的关系，这一规律基于国际必要成本（可简称“国际成本”，包括“全球必要生产成本”和“必要具有生产性活动支出的非纯粹贸易成本”两部分）而产生，以之为基础的国际交换是等价交换。

不同国家同种产品的机会成本差异是分析和判断比较优势的基本前提。正如夏文所言，国别机会成本是形成比较优势的基础。这一点在经济学界几乎不存在什么争议。问题是，夏文认为“各国以价值作为财富资产的计量工具，通常用金银货币或其他货币”。在这里他错误地理解了国际价值理论，在一定意义上混淆了“国际价值”与“国际价格”，夏文所讨论的“国际价值”实际上是“国际价格”。事实上，按照马克思经济学的看法，货币是国际价格的定量基础而非国际价值的定量基础，世界平均的社会必要劳动时间才是国际价值的定量基础。

既然夏文谈到了“国际比较优势规律”和“国际价值规律”这

① 不过，在不加以严格区分的场合，出于理论或实证分析的需要，二者有时可相互替代使用。正是在这个意义上，有些文献（施炳展，2008）不区分“贸易成本”和“交易成本”这两个术语。

两个与国际贸易有关的规律，那么自然的追问是，决定国际贸易的规律究竟是一个还是两个？若是两个，两者之间是什么关系？夏文认为，当今世界国际贸易仍受到各种因素的阻碍，资本和劳动力的自由流动远没有实现，价值规律在国际贸易中受到限制而不能贯彻，最多只能起辅助作用，现实的国际贸易活动主要由国际比较优势规律主导，以财富数量、质量和品种结构等使用价值衡量，是一种不等价交换。如前所述，夏文认为国际价值规律和国际比较优势规律分别基于生产关系和生产力角度而产生。在这里，夏文的基本错误是人为地割裂了国际价值规律与国际比较优势规律之间的联系，进而将生产关系和生产力两个范畴对立起来了。马克思经济学有如下基本命题：生产力决定生产关系，生产关系反作用于生产力。迄今为止的理论探索表明，这一命题是马克思经济学理论内核的自然延伸。那么，将这一基本命题运用于国际价值规律和国际比较优势规律关系的讨论中，不难得出如下推论：国际比较优势决定国际价值，国际价值反作用于国际比较优势。若按照夏文的思路人为地将这两个规律割裂开来，恰恰违背了马克思经济学的理论内核。事实上，国际比较优势规律与国际价值规律是统一的，而沟通和联系它们的“桥梁”正是本文的“全成本”概念。

先谈“全成本”与国际比较优势规律之间的关系。完整的国际贸易过程涉及多种要素的使用或耗费，不同要素可采取不同的产权模式加以配置和使用。劳动、资本、土地、管理等要素可以通过私人产权方式进入要素市场已被新古典经济学的研究所证明；而制度要素作为一种（准）公共品，可根据其适用范围的不同而采取社团产权或集体产权；生态环境和“可持续性”要素分别作为“全球公共品”和“代际公共品”，一般采取“集体产权”模式。就某一贸易参与方而言，可将使用基于私人产权的各类传统要素（如劳动、资本等）的代价充分内部化，在国际贸易过程中由于制度、生态环境和“可持续性”等要素存在明显的公共品特征，均具有“消费”的非竞争性和非排他性，经济系统内部的交易外部性、经济系统对生态环境系统产生的空间外部性、基于可持续发展维度的时间外部性则难以充分内部化，从而出现国际贸易中机会主义行为倾向突出、贸易对环境的影响加剧、贸易增长导致资源枯竭和“可持续性”减弱等不良现象。经济学以资源的稀缺性为逻辑前提，以资源配置效率为基本导向，即：要么追求同样产出（或收益）条件下的投入（或成本）最小化，要么追求同样投入（或成本）条件下的产出（或收益）最大化。可以肯定的是，“追求效率的最重要原则就是计算所有的成本”，“那些看起来无法计算的成本仅仅反映了人们对这部分价值没有支付意愿”（戴利，2006）。为此，必须将各种交易外部性、空间外部性和时间外部性所产生的成本或代价充分内部化到国际贸易的成本系统中，方能化解上述诸多困境和难题，从而实现贸易增长、技术进步、制度创新、生态环境保护与可持续发展的有机统一，优化各类资源在全球范围内的配置效率。简言之，在传统贸易理论所强调的生产成本基础之上，分别将交易外部性内在化进而引入交易成本、将空间外部性内在化进而引入环境成本、将时间外部性内在化进而引入代际成本，即可得到“国际贸易的全成本”范畴。国别机会成本是形成比较优势的基础，那么，在成本广义化趋势日益明显的时代背景下，“全成本”才是形成一国参与国际分工和贸易的比较优势的基础。

再谈“全成本”与国际价值规律之间的关系。在国际贸易中，国别社会必要劳动时间存在差异会导致国际交换中商品价值衡量的尺度在各国之间不统一，进而无法直接用国别社会必要劳动时间进行国与国之间的直接比较，因此需要以世界平均的社会必要劳动时间作为衡量某种商品国际价值的统一尺度。本文认为，可基于社会必要劳动时间Ⅰ和Ⅱ，提出“社会必要劳动时间Ⅲ”的概念：从空间上说，它是世界必要劳动时间；从时间上说，它是社会总时间（包括总劳动时间和总休闲时间）中必须用于劳动的时间。从量上看，可通过以贸易规模为权重，对国别社会必要劳动时间进行加权平均而得到社会必要劳动时间Ⅲ的大小，并以其作为衡量国际价值的基础。“全成本”是使用或耗费所有资源要素的代价总和，当前以生产成本、交易成本、环境成本和代际成本为要。它既包括显性成本，也包括隐性成本；既包括直接成本，也包括间接成本；既包括内部成本，也包括外部性内在化成本。无论何种形式的“全成本”，都可体现或转化为社会必要劳动时间的消耗。事实上，一旦将分析视野拓展到世界平均的社会必要劳动时间（社会必要劳动时间Ⅲ），就无所谓“外部成本”与“内部成本”之分了，由于“人类只有一个地球”，所有外部成本都必然会被内在化，进而都转化为“内部成本”，于是可将“全成本”理解为一种全球社会必要劳动时间的耗费。正如王颜齐、郭翔宇（2011）所言，当人们所处的立场范围广泛到超出社会公众的范畴（比如以全球居民为立足点）时，所有的外部性就不存在了。

西方经济学中的“机会成本”和“比较优势”概念强调“比较”“相对”“边际”“替代”等基本运算和基本思想，而马克思经济学中的“国际成本”或“国际价值”概念则强调“平均”“总体”“加权”等基本运算和基本思想。这表明，西方经济学与马克思经济学在变量的计量和运算方法方面存在着一定差异。根据前文分析可发现，“国别机会成本”和“国际（必要）成本”并非水火不相容的两个概念，国别机会成本和国际比较优势是决定国际（必要）成本和国际价值的基础，同时国际（必要）成本和国际价值会反作用于国别机会成本和国际比较优势。从数学分析技术上说，基于“比较”“相对”“边际”“替代”运算的比较优势分析与基于“平均”“总体”“加权”运算的国际价值分析也是可以联系起来的。进而言之，“全成本”既是一种机会成本，也是一种在全球视野下将所有外部性内在化以后形成的国际（必要）成本，它是衔接“国际比较优势”和“国际价值”的纽带，“全成本”、国际比较优势和国际价值在一定意义上是统一的。

五　结语

在社会分工日益深化细化并出现产品内分工的背景下，“社会存在”与马克思经济学创立之初相比已经发生了较大变化，为此必须对马克思经济学的若干学术观点进行修正或拓展，以适应时代的发展。

笔者真诚感谢夏先良先生针对“国际贸易的全成本论”（杨青龙，2010b）提出的批评意见，在认真考虑这些批评意见之后笔者发现，夏文在对“流通创造价值与否”“何为成本、何为‘全成本’、何为贸易成本”“国际价值规律与国际比较优势规律的关系”等方面的认识与客观现实尚存在一定偏差。本文通过充分考虑国际分工与贸易活动的新动向，经过严格的逻辑推理，得出了如下基本认识：

（1）价值是“客体以自身的属性满足主体需要和主体需要被客体满足的效益关系”。国际贸易活动作为马克思经济学中的流通环节，不仅影响价值实现，而且参与价值创造。

（2）成本是使用或耗费资源要素的过程中所不可避免的最高代价。从内涵看，“全成本”是使用或耗费一切资源要素的代价总和；从外延看，“全成本”是以生产成本、交易成本、环境成本和代际成本等为子系统的动态开放系统。贸易成本与交易成本存在一定的交叉重叠但不完全等同，贸易成本是对应于制造成本的概念，交易成本则是对应于生产成本的概念。

（3）不宜人为地将国际价值规律与国际比较优势规律割裂开来。实际上，国际比较优势规律决定国际价值规律，国际价值规律反作用于国际比较优势规律。在生产成本的基础上充分将交易外部性、空间外部性和时间外部性内在化之后构造的“全成本”范畴既是一种机会成本，也是一种国际（必要）成本，它是衔接“国际比较优势”与“国际价值”的桥梁和纽带。

参考文献

[1]［以］赫尔普曼、［美］克鲁格曼：《市场结构和对外贸易——报酬递增、不完全竞争和国际贸易》，尹翔硕、尹翔康译，生活·读书·新知三联书店1993年版。

[2] 陈振羽：《在价值决定的认识上不能重犯历史错误》，《中国经济问题》1982年第2期。

[3] 笪凤媛、张卫东：《交易费用的含义及测度：研究综述和展望》，《制度经济学研究》2010年第1期。

[4] [美] 戴利：《超越增长——可持续发展的经济学》，诸大建、胡圣等译，上海译文出版社 2006 年版。

[5] [瑞典] 俄林：《地区间贸易和国际贸易》，王继祖等译，首都经济贸易大学出版社 2001 年版。

[6] 凤良志：《论第一种含义的社会必要劳动时间决定价值》，《经济研究》1983 年第 6 期。

[7] 谷书堂、杨玉川：《对价值决定和价值规律的再探讨》，《经济研究》1982 年第 1 期。

[8] 胡国恒：《制度质量、比较优势与国际生产的组织变迁》，《国际经贸探索》2013 年第 4 期。

[9] 胡钧、张广兴：《深入理解马克思的价值决定论》，《经济学动态》2004 年第 8 期。

[10] 纪显举：《论两种含义的社会必要劳动时间共同决定价值》，《经济研究》1983 年第 6 期。

[11] [英] 李嘉图：《政治经济学及赋税原理》，郭大力、王亚南译，商务印书馆 1962 年版。

[12] 李建德：《经济制度演进大纲》，中国财政经济出版社 2000 年版。

[13] 李仁君：《两种含义的社会必要劳动时间与价值决定新探》，《海南大学学报》（人文社科版）2003 年第 1 期。

[14] 李晓西、赵少钦：《可持续发展的成本效益分析》，《北京师范大学学报》（社会科学版）2004 年第 4 期。

[15] 李秀林等：《辩证唯物主义与历史唯物主义》，中国人民大学出版社 1995 年版。

[16] 刘厉兵、汪洋：《比较优势动因分析新思维与我国经济发展战略——基于 RHO 模型的拓展与应用》，《产业经济研究》2008 年第 6 期。

[17] [美] 曼昆：《经济学原理：微观经济学分册》（第 5 版），梁小民、梁砾译，北京大学出版社 2009 年版。

[18] 莫志宏：《从成本到交易成本：漫谈成本的主观性》，《理论视

野》2011 年第 5 期。

[19] 施炳展：《我国与主要贸易伙伴的贸易成本测定——基于改进的引力模型》，《国际贸易问题》2008 年第 11 期。

[20] [英] 斯密：《国民财富的性质和原因的研究》（上卷），郭大力、王亚南译，商务印书馆 1972 年版。

[21] 王颜齐、郭翔宇：《“交易外部性”：外部性的重新理解及系统整合》，《当代财经》2011 年第 7 期。

[22] 王永治、王振之：《价格与供求——兼论第二种含义的社会必要劳动时间决定价值》，《经济研究》1983 年第 6 期。

[23] 王章耀、萨公强：《关于“社会必要劳动时间”问题——与魏埙、谷书堂、吴树青诸同志讨论》，《学术月刊》1958 年第 2 期。

[24] 卫兴华：《价值决定和两种含义的社会必要劳动时间》，《经济研究》1984 年第 1 期。

[25] 魏埙、谷书堂：《价值法则在资本主义发生与发展各个不同阶段上的作用》，《南开大学学报》1955 年第 1 期。

[26] 夏先良：《论国际贸易成本》，《财贸经济》2011 年第 9 期。

[27] 徐从才：《对“生产决定论”的反思——兼论运用现代商品经济条件下流通与生产相互关系的原理深化经济改革》，《财贸经济》1987 年第 8 期。

[28] 杨青龙：《国际贸易中的交易费用研究》，硕士学位论文，江西财经大学，2008 年。

[29] 杨青龙：《价值与价格关系的“大难题”——经济学中的“哥德巴赫猜想”》，《经济学消息报》2010 年 1 月 15 日。

[30] 杨青龙：《国际贸易的全成本论：一个概念性理论框架》，《财贸经济》2010 年第 8 期。

[31] 杨青龙：《国际贸易中的全成本研究——基于广义比较成本优势的视角》，博士学位论文，江西财经大学，2011 年。

[32] 杨青龙：《再论“国际贸易的全成本”》，《财贸经济》2012 年第 5 期。

[33] 杨青龙：《基于“可持续性”要素的比较优势理论拓展》，《中

国人口·资源与环境》2012 年第 7 期。

[34] 杨青龙：《基于制度要素的比较优势理论拓展——以交易成本经济学为视角》，《财贸研究》2013 年第 4 期。

[35] [英] 伊特韦尔、[美] 米尔盖特、[美] 纽曼编：《新帕尔格雷夫经济学大辞典》（第三卷），经济科学出版社 1996 年版。

[36] 岳宏志：《马克思价值量决定理论的数理阐释》，《当代经济研究》2009 年第 1 期。

[37] 翟敏：《呜呜祖拉 90% 来自中国　出厂价最低仅为 0.6 元》，http：//worldcup. qq. com/a/20100617/004486. htm，2010 年 6 月 17 日。

[38] 张五常：《经济解释（神州增订版）卷二：收入与成本——供应的行为（上篇）》，中信出版社 2011 年版。

[39] 朱廷珺：《国际贸易》，北京大学出版社、中国林业出版社 2007 年版。

[40] Anderson, J. E. & Wincoop, E. V., "Trade Costs", *Journal of Economic Literature*, Vol. 42, No. 3, 2004, pp. 691 – 751.

[41] Belloc, M., "Institutions and International Trade: A Reconsideration of Comparative Advantage", *Journal of Economic Surveys*, Vol. 20, No. 1, 2006, pp. 3 – 26.

[42] Haberler, G., "The Theory of Comparative Cost and Its Use in the Defense of Free Trade", *Weltwirtschaftliches Archiv*, Vol. 32, 1930, pp. 349 – 370.

[43] Heckscher, Eli F., "The Effect of Foreign Trade on the Distribution of Income", *Eknomisk Tids – krift*, Vol. 21, No. 2, 1919, pp. 497 – 512.

[44] Nunn, N., "Relationship – Specificity, Incomplete Contracts, and the Pattern of Trade", *Quarterly Journal of Economics*, Vol. 122, No. 2, 2007, pp. 569 – 600.

[45] Torrens, R., *An Essay on the External Corn Trade*, 1*st ed.*, London: Hatchard, 1815.

[46] Venema, H. D. & Barg, S. , *The Full Costs of Thermal Power Production in Eastern Canada*, Inernational Institute for Sustainable Development, Winnipeg, Manitoba, Canada, 2003.

后 记

中国成本研究会成立于1980年，是一个已有近四十年历史、国内唯一一家聚焦于成本问题研究的国家一级学会，现任会长为中国社会科学院学部委员高培勇教授。自成立以来，在许毅、张卓元、张弘力等历任会长的带领下，学会在推动成本管理理论和方法的研究，特别是企业成本管理的研究方面组织了大量活动，产生了诸多有较高学术影响力和社会影响力的研究成果。

2013年10月，中国成本研究会第六届会员大会通过的新章程提出：要在继续巩固企业成本管理问题研究的基础上，强化对宏观经济运行成本、公共服务成本等领域的研究，为国家社会成本管控的新需要提供理论支持。令我们感到振奋的是，学会所倡导的拓展成本研究领域的理念，恰与党中央提出的供给侧结构性改革这一新的宏观经济管理战略思路相契合。2015年、2016年的中央经济工作会议，相继要求推进和深化供给侧结构性改革，“降成本”恰是供给侧结构性改革五项工作任务之一。这表明，成本管理已成为宏观经济管理的重要抓手，而不仅仅是企业内部管理的一个手段。

为推动成本管理理论和方法研究向更广领域、更深层次拓展，更好地服务于中央决策，2016年10月中旬，以“降成本与中国成本研究会的历史使命”为主题，中国成本研究会学术年会在南京审计大学召开。学会同人和特邀嘉宾围绕会议主题进行了深入、广泛的讨论，产生了大量有价值的会议成果。为实现中国成本研究会“提高我国成本管理理论与方法的研究水平，建立和完善既融入世界又彰显中国特色的成本管理理论与方法体系”之宗旨，我们决定将这些会议成果以及若干有代表性的会员研究成果结集出版，供社会各界分享并批评指正。

论文集的出版要感谢诸多同志的支持和帮助。年会特邀嘉宾和多位学会理事积极为论文集提供稿件。南京审计大学裴育副校长、公共经济学院后小仙院长及多位老师为年会的顺利举办承担了大量高效的会务工作。中国社会科学院财经战略研究院汤林闽博士、中国人民大学博士生李苗承担了论文集的部分编辑和校对工作。我们对此表示感谢。

因出版时间紧，虽我们已付出较多努力，但论文集中难免存在错误疏漏之处，恳请学会同人和广大读者谅解并欢迎提出建议。

中国成本研究会秘书处
2017 年 1 月 20 日